**POLYGLOTT** on tour

**Günther Wessel**

# Argentinien

| | | | |
|---|---|---|---|
| ⭐ | Top 12 | 🍴 | Restaurant |
| ⭐ | besonderer Tipp | 🏠 | Unterkunft |
| ⚡ | Warnung | 🌙 | Nightlife |
| ℹ️ | Info | 🎁 | Shopping |
| ❗ | Hinweis | 📗 | Literatur |

**POLYGLOTT-Top** 12  Umschlagklappe vorne

**Specials**

| | |
|---|---|
| Gaucho auf Zeit | **Seite 6** |
| Buenos Aires – Hauptstadt des Tango | **Seite 8** |
| Touren ans Ende der Welt | **Seite 10** |

# Allgemeines

**Tropenwald und Eismeer** — **Seite 12**
Lage und Landschaft · Klima und Reisezeit · Natur und Umwelt · Bevölkerung · Wirtschaft · Politik und Verwaltung

**Geschichte im Überblick** — **Seite 26**

**Kultur gestern und heute** — **Seite 28**
Architektur · Malerei · Theater und Film · Literatur

**Essen und Trinken** — **Seite 32**
Hauptsache Fleisch · Europäische Einflüsse · Regionale Küche · Getränke

**Urlaub aktiv** — **Seite 34**
Trekking · Bergsteigen · Reiten · Sport zum Zuschauen

**Unterkunft** — **Seite 36**
Preiswerte Unterkünfte · Estancias · Camping · Jugendherbergen

**Reisewege und Verkehrsmittel** — **Seite 37**
Anreise · Unterwegs in Argentinien

**Infos von A–Z** — **Seite 98**

**Mini-Dolmetscher** — **Seite 102**

**Register** — **Seite 104**

**Das System der POLYGLOTT-Sterne** — **Umschlagklappe vorne**

**Argentinien im Internet** — **Umschlagklappe hinten**

# Stadtbeschreibung

## Buenos Aires – Zwischen Hektik und Melancholie — Seite 38

Eine verwirrende Mischung aus Tradition und Moderne bietet die argentinische Metropole, die sich selbst als das »Paris Lateinamerikas« sieht und weltweit als Wiege des Tango Interesse findet.

# Touren

**Tour 1** — **Strandleben statt einsamer Buchten** — **Seite 48**

Die 1000 km Atlantikküste südöstlich von Buenos Aires sind ein Dorado für Badefreunde, die Spaß an viel Trubel und Unterhaltung haben.

**Tour 2** — **Wasserfälle und Missionsstationen** — **Seite 52**

San Ignacio Miní und Iguazú sind wundervolle Höhepunkte der in Corrientes beginnenden Reise in die Kultur- und Naturgeschichte.

**Tour 3** — **Andengipfel und Kolonialstädte** — **Seite 60**

Tucumán – Tafí del Valle – Salta – Quebrada de Humahuaca: In Rot- und Grüntönen schimmernde Berge umrahmen koloniale Kleinode.

**Tour 4** — **Im Herzen Argentiniens** — **Seite 69**

Mendoza – Aconcagua – Córdoba – Talampaya – Valle de la Luna: Weingärten, Eisgipfel, Saurierskelette und bizarrste Sandsteingebilde.

**Tour 5** — **Patagonische Tierwelt** — **Seite 78**

Nirgendwo lassen sich Wale, See-Elefanten, Seelöwen und Pinguine zu Tausenden schöner beobachten als rund um die Halbinsel Valdés.

**Tour 6**

### Die »argentinische Schweiz«

Seite 83

Tiefblaue Seen und Schneegipfel in herrlichen Nationalparks in der Umgebung von San Carlos de Bariloche: Los Alerces, Nahuel Huapi, Los Arrayanes und Lanín.

**Tour 7**

### Am Ende der Welt

Seite 90

Von Ushuaia über windzerzauste Ebenen in die Nationalparks Torres del Paine (Chile) und Los Glaciares, wo sich mächtige Gletscher türmen.

*In der Quebrada de las Conchas*

# Bildnachweis

Catch-the-Day/Hans-Peter Braunger: 21-2, 33, 35-1, 62, 71-1, 72, 76-1, 77, 85-2, 88; Bernd Helms: 22, 64-2, 85-1, 87-2; Volkmar Janicke: 13-2, 16, 36, 39, 55, 60, 61, 64-1, 67, 82, Umschlagrückseite (unten); Gerold Jung: 21-1, 31; laif/Back: 28; laif/Miquel Gonzalez: 6, 8, 9, 10, 18, 43, 53; laif/Kristensen: 35-2; laif/Le Figaro Magazine: 108; laif/Zanettini: 44; Leo & Hermine Purmann: 11; Michael Schröder: 2, 13-1, 79, 92-2, 97-2, Umschlagrückseite (oben); Secretario de Turismo, Buenos Aires: 23, 49, 51, 54-1, 58-2, 73, 76-2, 97-1; Günther Wessel: 5, 45, 54-2, 57-1, 57-2, 58-1, 71-2, 80, 87-1, 92-1; Titelbild: laif/Miquel Gonzalez.

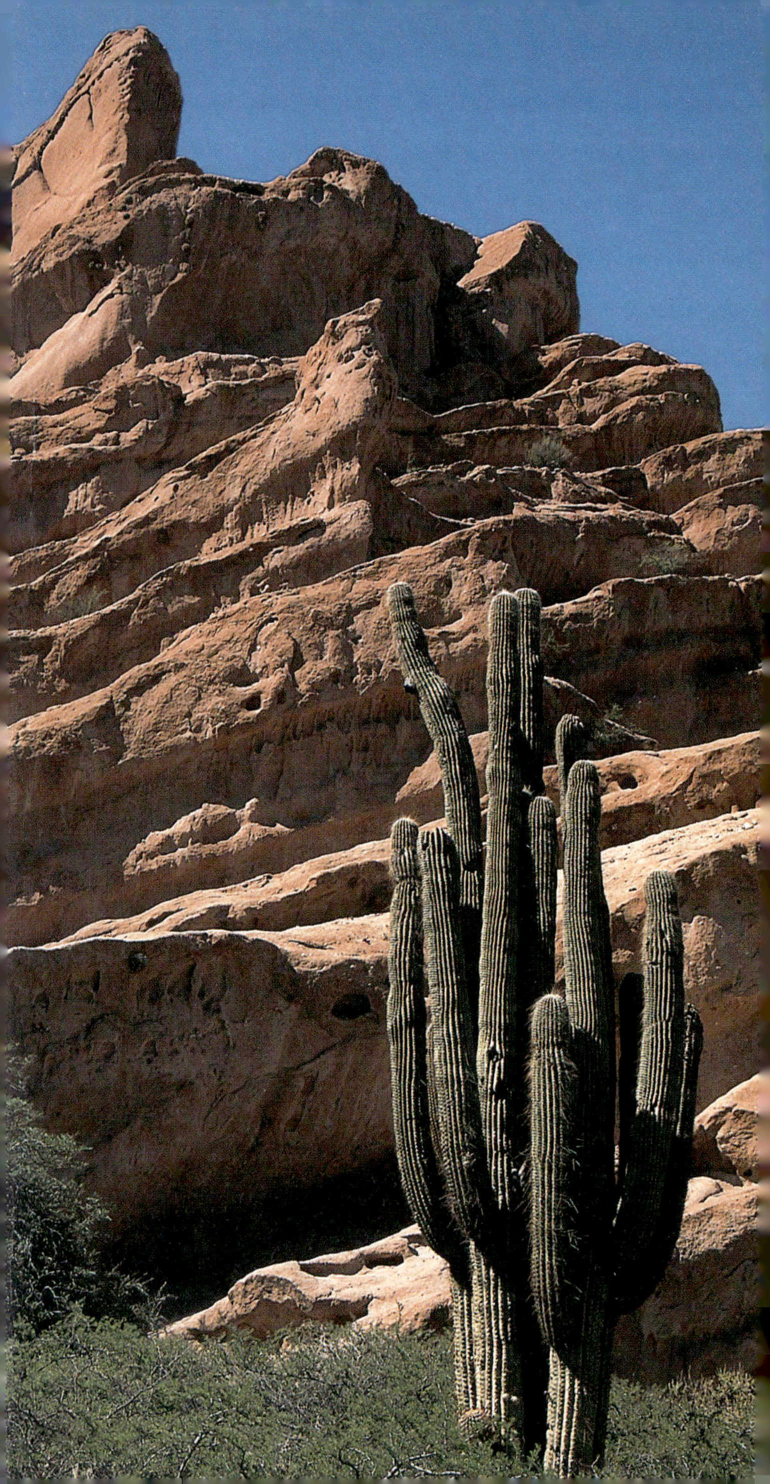

# Gaucho auf Zeit

## Informationen

- www.estanciasdebsas.com.ar; www.hresa.com; www.estanciastravel.com
- In Buenos Aires:
  **Kraft Travel,**
  Lamarca 359, Martínez,
  Tel./Fax (0 11) 47 93 40 62,
  www.kraft-travel.com
  **Estancias de Santa Cruz**
  Maipú 864, Tel./Fax
  (0 11) 52 37 40 43, www.estanciasdesantacruz.com

- **El Ombú,** Tel. (0 23 26) 49 20 80, www.estanciaelombu.com. Wunderschönes Belle-Époque-Haus in Parklandschaft, mit Pool; deutschsprachig.
- **La Bamba,** Tel. (0 23 26) 45 62 93, www.la-bamba.com.ar. Kolonialzeitliches Flair, antike Einrichtung. Das Haupthaus von 1832 ist eines der besterhaltenen des Landes.

In der goldenen Epoche zwischen 1850 und 1930 bauten die Rinderbarone ihre Landsitze frei nach Gusto, Geld spielte keine Rolle: Noch in den abgelegensten Winkeln der Pampa stößt man daher auf toskanische Villen, Tudor-Schlösser oder maurische Paläste.

Inzwischen sind viele der grandiosen Herrenhäuser auf das Geschäft mit Touristen angewiesen. Das nötige Kleingeld sollte man jedoch mitbringen: 100–150 US-$ pro Person und Nacht (Doppelzimmer mit Vollpension) muss man einkalkulieren.

## Provinz Buenos Aires

Rund um San Antonio de Areco (120 km westlich von Buenos Aires) liegen auf relativ engem Raum einige der spektakulärsten Estancias Argentiniens. Ausritte, Kutschfahrten, Vogelbeobachtung und gemeinsames Asado-Essen stehen für die Freizeitgestaltung zur Wahl.

Per Bus ist San Antonio ab Bahnhof Retiro bequem in gut 2 Stunden erreichbar. Dort steigt man um in ein Remise-Taxi (empfehlenswert ist es, den Preis vor der Abfahrt auszuhandeln; nach La Porteña z. B. sind es um die 30 US-$), sofern man von seinem Gastgeber nicht ohnehin abgeholt wird.

## Special **Estancias**

## Corrientes und Entre Ríos

Im subtropischen Norden Argentiniens findet man Estancias, die noch weitgehend von der Viehzucht existieren. Die Chance, den unverfälschten Gaucho-Alltag zu erleben, ist hier am größten. Außerdem stehen für die wenigen Besucher attraktive Safari-Touren zu Wasser und zu Lande auf dem Programm: Die Flüsse und Sümpfe sind die Heimat von Kaimanen, Wasserschweinen, Anakondas und exotischen Vögeln.

## Córdoba

Bereits im frühen 17. Jh. gründeten Jesuiten im historischen und geografischen Herzen Argentiniens die ersten Estancias als weitgehend autarke Vorposten der europäischen Kolonisation. Im Süden der Provinz (Flughafen: Río Cuarto), im Übergang zur offenen Pampa, lohnen einige besonders gastfreundliche Estancias den Besuch.

▌ **La Isabella,** Del Campillo, Tel. (0 11) 43 13 21 26, www.estancia-la-isabella.com. Gemütlich, familiäres Ambiente, Ausflüge per Pferd und Kutsche, nicht zu teuer. Deutschsprachig.

▌ **Los Baguales,** Jovita, Tel. (0 11) 43 22 44 99. Historische Bausubstanz, stilvolle Möblierung. Reiten, Mithilfe bei der Gaucho-Arbeit.

## Santa Cruz (Patagonien)

Anders als im Rest des Landes widmen sich im tiefen Süden die Estancias nicht der Rinder-, sondern der Schafzucht. Das Klima ist rauer, das Landschaftserlebnis vielleicht noch intensiver, das Gefühl der Abgeschiedenheit noch ausgeprägter. Für Besucher geöffnet sind die Ranches der Provinz Santa Cruz in der Regel nur von November bis März.

▌ **Cancha Carrera,** Tel. (0 29 66) 42 07 96, Fax 42 30 63. Zwischen den Nationalparks Los Glaciares und Torres del Paine (Chile) gelegen; englischer Stil; Mountainbiking, Klettern, Bergwandern.

▌ **Alta Vista,** El Calafate (33 km), Tel. (0 29 02) 49 12 47. Touren durch den Nationalpark Los Glaciares; Gletscher-Trekking, Kondor-Beobachtung.

▌ **Yapeyú,** Guaviraví, km 560 (Corrientes), Tel. (0 37 72) 15 63 49 61, www.estanciayapeyu.com.ar. Einfachere Ausstattung; organisiert auch Touren in die Lagunen der Esteros del Iberá.

▌ **Santa Cándida,** Concepción del Uruguay (Entre Ríos), Tel./Fax (0 34 42) 42 21 88, www.palaciosantacandida.com.ar. Neorenaissance-Bau unter Denkmalschutz. Tennis, Pool, Golf, Wasserski auf dem Río Uruguay.

### ⭐ Estancia-Knigge:

Viehgatter *(tranqueras)* nach dem Passieren stets schließen! Wer auf dem Land nach dem Weg fragt, bleibt nicht einfach im Auto sitzen; ein wenig Konversation wird erwartet: Also immer aussteigen und sich gern auch per Handschlag bedanken! Möglichst nicht während der Siesta (13–16 Uhr) oder bei Dunkelheit ankommen; Ankunft auf dem Hof durch Hupen oder lautes Händeklatschen anzeigen! Mit Kaminfeuer und Parrilla hantiert nur der Gastgeber. Trinkgeld oder einige Flaschen Wein für das Personal gehören nach längeren Aufenthalten zum guten Ton.

# Buenos Aires – Hauptstadt des Tango

**Casablanca,** Balcarce 668, Tel. 43 31 46 21. Sehr folkloristisch.

**La Ventana,** Balcarce 431, Tel. 43 34 13 14, www.la-ventana.com.ar. Touristisch, aber perfekt.

**Michelangelo,** Balcarce 433, Tel. 43 42 70 07, www.tangoshow.com. Professionelle Show in ehemaligem Kloster.

**El Viejo Almacén,** Av. Independencia 313, Tel. 43 07 73 88, www.viejo-almacen.com.ar. Ein Klassiker der Szene.

**Bar Sur,** Estados Unidos 299, Tel. 43 62 60 86, www.bar-sur.com.ar. Klein, gemütlich.

**El Querandí,** Perú 302, Tel. 51 99 17 70, www.querandi.com.ar. Gute Küche.

Totgesagte leben länger: Wieder einmal erlebt der gute alte Tango eine wahre Renaissance – vor allem in Europa. In jeder Volkshochschule steht der nostalgische Paartanz wieder auf dem Lehrprogramm. Die angestaubten Schellack-Scheiben von Gardel, Pugliese, Troilo und Co. kommen als edel aufgemachte CD-Editionen zu neuen Ehren. Tango-Filme und -Musicals erweisen sich von Stuttgart bis Stockholm als sichere Kassenschlager. In Reinkultur erlebt man Tango Argentino freilich am ehesten in Buenos Aires, wo die Wiege dieser einzigartigen Kunstform stand.

## Tango professionell

Gekonnt, routiniert und garantiert ohne Scheu vor dem Klischee – so zelebrieren die zahlreichen Tanguerías im Viertel San Telmo (Buenos Aires) den Tango vor einem internationalen Publikum. Für eine Dinnershow inkl. Menü und Tischwein rechnet man pro Person ca. 40–60 US-$ (Reservieren! Karten besorgen auch die großen Hotels).

Arne Birkenstock, Helena Rüegg: **Tango.** Geschichte und Geschichten. dtv, 2001. Wunderschöne Tango-Monografie mit Audio-CD und vielen praktischen Tipps.

## Special **Tango**

### Tango konzertant

In den Clubs und Theatern finden regelmäßig Tangokonzerte in kleiner und großer Besetzung statt. Die Termine entnimmt man am besten vor Ort der Tagespresse (»Clarín«, »La Nación«) oder der kostenlosen Zeitschrift »B. A. Tango«, die an den meisten einschlägigen Veranstaltungsorten zum Mitnehmen ausliegt. Karten gibt es für 10 bis 40 US-$ an den Theaterkassen.

### Tango geschwoft

Auch junge Porteños entdecken ihre Liebe zum Tango, sodass viele der alten Salons und Cafés einen zweiten Frühling erleben. Eintritt (5 bis 15 US-$) bezahlt man meist nur am Wochenende und wenn ein Orchester live spielt. Die Kleiderordnung ist nicht allzu streng, nur Sportschuhe sind verpönt. Die Tango-Treffpunkte vermitteln auch Tanzkurse für Anfänger und Fortgeschrittene.

▌**Confitería Ideal,** Suipacha 380, San Nicolás, Tel. 52 65 80 69, www.confiteriaideal.com. Klassische Kaffeehausatmosphäre, Tanzfläche mit Mosaik-Steinboden. Tanz Do–Di 15–21, Mi ab 21 Uhr.

▌**La Viruta,** Armenia 1366, Palermo, Tel. 47 74 63 57, www.lavirutatango.com. Eher junges Publikum, viel Partystimmung, nichts für Puristen.

▌**Salón Canning,** Scalabrini Ortiz 1331, Palermo, Tel. 15 57 38 38 50, www.parakultural.com.ar. Herrlich altmodischer Tanzpalast.

▌**Club Gricel,** La Rioja 1180, San Cristóbal, Tel. 49 57 71 57. Traditionsreich, zum Zuschauen und Selbertanzen. Fr/Sa ab 23, So ab 20 Uhr.

### Tango kommerziell

Wirtschaftsfaktor Tango: Das Geschäft mit Accessoires und Souvenirs floriert wie nie zuvor. Neben allerlei Kitsch und Nippes entdeckt man gelegentlich auch echte Sammlerstücke.

▌**Flohmarkt Plaza Dorrego:**
So vormittags; alles von der Partitur bis zum Grammophon, dazu Tanz auf der Straße.

▌**Club del Tango,**
Paraná 123. CDs, Bücher, Texte und Noten.

▌**Buenos Aires Souvenir,**
Defensa 1066. U. a. Plakate.

▌**Zival's,** Callao 395. Platten, CDs, Videos.

▌**Museo Vivo del Tango,** Piedras 720. Kunstobjekte, Instrumente, Musik.

▌**Café Tortoni,**
Av. de Mayo 825,
Tel. 43 42 43 28,
www.cafetortoni.com.ar.
Klassisches Kaffeehaus mit Stil.

▌**Club del Vino,**
Cabrera 4737,
Tel. 48 33 00 48. Neben Konzerten auch Showprogramm, relativ authentisch, daher beliebt bei Einheimischen.

▌**El Chino,**
Beazley 3566,
Tel. 49 11 02 15. In Würde heruntergekommene Bar im etwas düsteren Viertel Pompeya (Anfahrt per Taxi!): Gesungener Tango in seiner melancholischen Urform.

▌**Foro Gandhi,**
Av. Corrientes 1743,
Tel. 43 71 83 73.
Zeitgenössischer Tango junger Musiker.

## Special **Patagonien**

Der Himmel ist die einzige Grenze für Abenteuerlustige im tiefen Süden des Kontinents: Für einfache Wanderungen bietet sich die Seenregion um Bariloche an; für anspruchsvolle Touren das spektakuläre Fitz-Roy-Massiv. Die Inseln und Wasserstraßen zwischen Beagle-Kanal, Feuerland und Kap Hoorn reizen vor allem Jachtkapitäne und Mitsegler; für Expeditionen ins Tierreich sind die Küsten und Steppen der Halbinsel Valdés ideale Reviere.

# Touren ans **Ende der Welt**

❚ **Cerro Otto:** Einfacher Aussichtsberg (1405 m) vor den Toren Bariloches, ca. 1,5 Std. zu Fuß oder mit der Seilbahn.
❚ **Cerro López:** Dreistündige Bergwanderung ohne Schwierigkeiten durch Bergwälder bis zum Refugio López; vom Gipfel fantastische Blicke in die Hochkordillere.
❚ **Cerro Catedral:** Rund um den 2388 m hohen Gipfel erstreckt sich das wichtigste Skisportzentrum der Region. Im Sommer ist das Refugio Emilio Frey (4 Std. von der Talstation des Lifts) Ausgangspunkt für Tageswanderungen.
❚ Geführte Touren: **La Bolsa del Deporte,** Palacios 405, Tel. (0 29 44) 42 35 29 **Karnak Expediciones,** F. P. Moreno 69, Tel. (0 29 44) 42 53 00, www.karnak.com.ar

## Bariloche: Seen, Wälder, Berge

Die »Schweiz Argentiniens« verdankt ihren Ehrentitel einer tatsächlich fast alpin anmutenden Berglandschaft mit Gletscherseen und Wäldern. Bei Flora und Fauna endet jedoch die Ähnlichkeit: In Wäldern aus Myrten, Südbuchen und Anden-Lärchen tummeln sich Andenhirsche und Pudus, südamerikanische Liliput-Rehe. Wanderer und Mountainbiker finden im Nationalpark Nahuel Huapi ein dichtes Netz von Wegen und einfache Berghütten *(refugios)* im Tagesetappenabstand.

## Los Glaciares: Fels und Eis

El Calafate ist der obligatorische Ausgangspunkt für alle Besucher des Nationalparks Los Glaciares. Fünf Jeepstunden nördlich von El Calafate thronen bei El Chaltén die bizarren Granitnadeln des Cerro Fitz Roy 3375 m hoch über der Steppe.
❚ **Glaciar Perito Moreno:** Den regelmäßig kalbenden, 50 m hohen Riesengletscher im Lago Argentino kann man auf geführten Touren auch als Trekkinganfänger mit Steigeisen begehen.
❚ **Lago Onelli:** Die Tagestour per Allradauto zu der malerischen Gletscherlagune mit den im tiefblauen Wasser treibenden Eisbergen gehört zu den schönsten Ausflügen von El Calafate.
❚ **Laguna Torre:** Klassischer Aussichtspunkt für das Fitz-Roy-Massiv, von El Chaltén (230 km nordwestlich von El Calafate) in ca. 3 Stunden zu erreichen.

★ Die einzige Herberge in Sichtweite des Perito-Moreno-Gletschers ist die noble **Hostería Los Notros,** Tel. (0 29 02) 49 95 10, www.losnotros.com, ○○○. Günstiger wohnt man im rustikal-gemütlichen **Hostel del Glaciar Libertador,** Av. Libertador 587, El Calafate, Tel./Fax (0 29 02) 49 17 92, www.glaciar.com, ○.

## Valdés: Die Küste lebt
Auf den ersten Blick mag die sturmumtoste patagonische Atlantikküste abweisend und lebensfeindlich wirken. Bei genauerem Hinsehen erweist sich die Wüste jedoch als Paradies für Meeresbewohner aller Art. Besonders lohnend: eine Safari durch das Naturreservat der Halbinsel Valdés.

▌**Pinguinkolonien:** Bei Punta Tombo, etwa 120 km südlich von Trelew, bilden von Oktober bis März rund 1 Mio. brütender Magellan-Pinguine die größte Pinguinstadt der Welt.

▌**See-Elefanten:** Die walzenförmigen Riesen lassen sich ganzjährig z. B. an der Caleta Valdés beobachten. Auch die etwas kleineren Seelöwen sind hier zu Hause.

▌**Ur-Tiere:** Immer wieder halten fossile Saurierfunde aus Patagonien die Wissenschaft in Atem. Eine faszinierende Schau zum Thema zeigt das **Museo Paleontológico Egidio Feruglio,** Av. Fontana 140, Trelew (Mo–Fr 10–20 Uhr).

## Feuerland: Bis ans Ende der Welt
Ushuaia, die südlichste Stadt Amerikas, ist das Tor zur Antarktis. Segeltörns in diesen stürmischen Breiten zählen nach wie vor zu den großen Abenteuern. Neben den Standard-Tagestouren zur vorgelagerten Isla de los Lobos (Seelöwen-Kolonie), zur Isla Martillo (Pinguine) und zur Bahía de Lapataia (Feuerland-Nationalpark) gibt es zahlreiche Angebote für hochseefeste Mitsegler.

⭐ Professionell geführte Touren rund um Flora und Fauna von Valdés bietet u. a.
**Nievemar Tours,**
Italia 98, Trelew,
Tel. (0 29 65) 43 56 46,
www.nievemartours.com.ar

▌**Sarah W. Vorwerk:**
16-Meter-Jacht für max. 7 Passagiere; Skipper deutschsprachig. Info: Henk Boersma, P. O. Box 61, 9410 Ushuaia, Argentinien, Tel./Fax (0 29 01) 15 49 34 10, www.sarahvorwerk.com

▌**Terra Australis:**
Kreuzfahrtschiff für 114 Passagiere; Okt.–April. Info: Cruceros Australis, Santiago de Chile, Tel. (00 56 2) 4 42 31 10, Fax 2 03 51 73, www.australis.com

# Tropenwald und Eismeer

Bereits ein Blick auf die Weltkarte verrät eine Besonderheit Argentiniens: Es ist mit Chile das Land, dessen Küsten dem Südpol am nächsten kommen. Die Südspitze Feuerlands liegt mehr als 3000 km südlich des südafrikanischen Kaps der Guten Hoffnung und sogar noch 1500 km unterhalb von Neuseelands Südgrenze.

Auch die enorme Nord-Süd-Ausdehnung teilt man sich mit dem Nachbarland. 3700 km trennen La Quiaca an der Grenze zu Bolivien von Ushuaia auf Feuerland, sodass die klimatische Bandbreite von den Tropen bis zum Polarmeer reicht. Überträgt man diese Ausdehnung auf Europa, so entspricht sie der Strecke von Kopenhagen bis zur Südgrenze Ägyptens.

Kein Wunder also, dass fast alle Urlauber auf ihre Kosten kommen: Sonnenfreunde an den Atlantikstränden, Bergsteiger auf den Gipfeln der Andenkette, Wanderer in den Nationalparks, Naturliebhaber in Iguazú oder auf der Península Valdés, Kulturinteressierte beim Besuch der Jesuitenmissionen im Norden und Reiter beim Estancia-Urlaub. Auf Großstadttrubel braucht man nicht zu verzichten, Buenos Aires ist darin unschlagbar.

In Buenos Aires leben? Für fast alle *Porteños,* die Bewohner der Hauptstadt, ist es ein unschätzbares Privileg. Was gibt es schon in der Provinz, dem Rest des Landes, was es hier nicht gäbe? Mag der Porteño auch einmal überheblich und großspurig wirken, ist er doch charmant und hilfsbereit. Immer möchte er als gewandter Weltbürger auftreten, dem Europa näher steht als die Städte der Provinz. Dort geht es ruhiger zu; man pflegt die Siesta, und die Menschen gelten als langsamer, bedächtiger und politisch konservativer. In manchen ländlichen Provinzen herrschen seit Jahrzehnten dieselben Familien – Viehbarone im Süden, Zuckerkönige im Norden. Aus Not und fehlender Perspektive drängen die Armen in die Städte. An den Rändern, wo die Elendsviertel liegen, wächst Buenos Aires Jahr für Jahr.

## Lage und Landschaft

Nach Brasilien ist Argentinien das zweitgrößte Land Südamerikas und das achtgrößte weltweit. Seine Fläche umfasst knapp 2,8 Mio. km$^2$; somit würde Deutschland fast achtmal in das Land am Río de la Plata hineinpassen. Drei Großlandschaften prägen sein Bild: die Anden im Westen, das nördliche und östliche Flachland sowie die weiten Ebenen Patagoniens.

### Die Anden

Das recht junge Gebirge, das etwa zeitgleich mit den Alpen während des Tertiärs vor etwa 50 bis 100 Mio. Jahren entstand, begrenzt das Land im Westen. Jedoch ist die Gebirgsbildung noch nicht abgeschlossen, worauf die rege vulkanische Tätigkeit hinweist. Nicht überall verlaufen die Anden als

# Tropenwald und Eismeer

*Blühende Wiesen überraschen im Frühjahr bei Calafate*

einheitlicher Gebirgszug. Streckenweise teilen sie sich in mehrere parallel gerichtete Ketten auf, die Hochlandsenken einschließen. In Argentinien kann man die Anden in drei Abschnitte unterteilen: die Puna, die Zentralkordillere und die Südkordillere.

In der **Puna** (3300–4000 m), einer Hochebene im Nordwesten, umgeben bis 6000 m aufragende Berge und knapp 7000 m hohe Vulkane abflusslose Senkengebiete. Ähnlich wie der im Norden angrenzende Altiplano ist die Puna eine wüstenartige, an ihren tiefsten Stellen von einzelnen Salzseen durchsetzte Landschaft. Die subandinen Sierren grenzen die Punaregion nach Osten hin vom flachen Gran Chaco ab.

In der **Zentralkordillere** südlich der Puna liegen vier der fünf höchsten Gipfel der Anden, darunter der Aconcagua, mit 6959 m Spitzenreiter Amerikas. Östlich ziehen sich die Ketten der Präkordillere von den Pampinen Sierren bis Mendoza, wo sie auf die Zentralkordillere treffen. Die **Südkordillere**, die sich etwa vom 38. Breitengrad bis nach Feuerland erstreckt, ist niedriger. Statt der durchgehenden Kammlinie – charakteristisch für die nördlichen Andengebiete – finden sich hier einzelne, spektakulär aufragende Berge wie das Fitz-Roy-Massiv mit dem Cerro Fitz Roy (3375 m) und tief eingekerbte, während der Eiszeit entstandene Quertäler. Das tiefste von ihnen, die untermeerische Magellansenke, trennt Feuerland ab.

### Die Ebenen

Das Flachland im Norden und Osten des Landes gliedert sich in drei unter-

---

### Die Pampa

Pampa, ein Wort aus der Indianersprache Quechua, bedeutet »baumlose Ebene«, und damit ist das Land treffend charakterisiert. Das Fehlen von Bäumen in dem Gebiet, das sich über Tausende von Kilometern vom Atlantik bis zu den Anden und vom Chaco bis nach Patagonien erstreckt, hat natürliche Gründe. Die kompakte Bodenstruktur fördert zwar das Wachstum von Gräsern, die Ausbreitung von Bäumen verhindert sie jedoch.

schiedliche Großräume: den teilweise baumbestandenen, aber sehr trockenen **Chaco** an der Grenze zu Bolivien und Paraguay, das mitunter sehr sumpfige, leicht hügelige **Zweistromland** zwischen Río Paraná und Río Uruguay sowie die **Pampa** (s. Exkurs S. 13).

### Patagonien

Patagonien, ein sehr trockenes Gebiet im Regenschatten der Anden, beginnt südlich des Río Colorado und umfasst den gesamten Süden des Kontinents. Über die gleichförmige Landschaft mit ihren niedrigen Sträuchern und Gräsern bläst ständig ein kräftiger Wind.

## Klima und Reisezeit

Argentinien erstreckt sich von den Subtropen bis zur Antarktis. Der Nachteil: Wegen der riesigen **klimatischen Unterschiede** muss man die Reiseroute sorgfältig planen. Der Vorteil: Argentinien hat immer Saison. Als Faustregel gilt, dass die Temperaturen von Norden nach Süden fallen und die Niederschläge von Osten nach Westen abnehmen. Durch ganz Südamerika verläuft entlang dem 68. Längengrad eine Trennungslinie, und grob gesagt regnet es westlich davon erheblich weniger als weiter östlich. Im Nordosten, fallen mit 1900 mm die meisten Niederschläge, während sich Patagonien mit 250 mm begnügen muss.

Da Argentinien auf der Südhalbkugel liegt, dürfte es Europäern manchmal als verkehrte Welt erscheinen: Die Sonne steht mittags im Norden – für Südbalkone interessiert sich deshalb niemand –, und der zunehmende Mond sieht aus wie der europäische abnehmende, ist also rechts geöffnet.

Ebenso sind die **Jahreszeiten** vertauscht: Das argentinische Sommerhalbjahr fällt in die Monate Oktober bis März, und als wichtigster Ferienmonat gilt Argentiniern der Januar.

Das ist auch die beste Reisezeit für den **Süden.** Dann nämlich liegen die Mittagstemperaturen auf Feuerland bei 18 °C; nachts fällt die Quecksilbersäule auf 5–10 °C. Pullover und Windjacke sollte man auf Feuerland und in Patagonien immer dabeihaben.

Im **Nordwesten** dagegen regnet es im Januar am meisten, und die Mittagstemperaturen liegen bei 28 °C. Für einen Besuch eignen sich die Jahreszeiten Herbst, Winter und Frühjahr, also die Monate März bis November, weil dann die Niederschläge gering und die Temperaturen angenehm

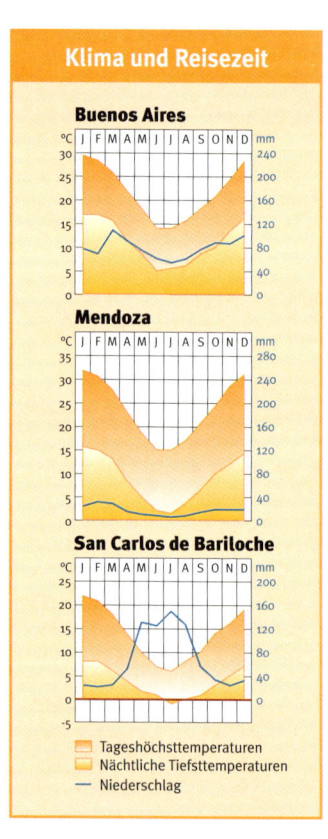

## Süßes Meer oder Silberfluss?

*Río de la Plata,* »Silberfluss« (von span. *la plata* – Silber), nannten die ersten Spanier die riesige Mündungsbucht von Río Uruguay und Río Paraná. Schließlich träumten sie davon, über diesen »Fluss« einen bequemen Zugang in das »Silberland« zu finden, wie sie Argentinien in Anlehnung an das lateinische Wort für Silber *(argentum)* hoffnungsvoll nannten. Einer von ihnen, der Entdecker Juan Díaz de Solís, hatte den Strom wegen seiner ungeheuren Ausmaße zunächst für ein Meer gehalten und ihn aufgrund seines niedrigen Salzgehaltes *mar dulce* (»süßes Meer«) getauft. Solís starb, bevor der Irrtum aufgeklärt wurde.

Im Gegensatz zu den anderen argentinischen Flüssen, die jeweils einzeln ins Meer münden, bilden der Río de la Plata und seine Zuflüsse, allen voran der Río Paraná, ein verzweigtes System von Wasseradern.

Ist der Río de la Plata ein Fluss oder eine Meeresbucht? Weder noch, er ist ein Ästuar, wie der geografische Fachbegriff für eine durch Ebbe und Flut beeinflusste trichterförmige Flussmündung lautet. Sein Wasser ist bis etwa zur Punta Piedras am argentinischen bzw. bis Montevideo am uruguayischen Ufer süß, ab dort wird es salzig. Während sich die einmündenden Ströme stets über den gesamten Río de la Plata verteilen, können Winde das Wasser vom Atlantik her aus unterschiedlichen Richtungen gegen die Ufer drücken, sodass Buenos Aires oft von schweren Überschwemmungen heimgesucht wird.

»Unvergleichbar den schläfrigen Mündungen des Rheins, des Po, des Ebro, des Tajo, wo man immerhin zur Rechten und zur Linken noch deutlich die Ufer wahrnehmen kann, dehnt sich hier endlos die Weite der Wasser«, so stellte sich Stefan Zweig in seiner Magellan-Biografie den Eindruck vor, den das riesige Gewässer bei den ersten europäischen Seefahrern wohl hinterlassen hatte.

Mit Recht, denn die Dimensionen sind wirklich beeindruckend: An seiner schmalsten Stelle, dort, wo Río Paraná und Río Uruguay aufeinander treffen, dehnt sich der Río de la Plata etwa 50 km aus; an seiner breitesten, dem Übergang ins offene Meer bei der Punta Norte del Cabo San Antonio in Argentinien bzw. Punta del Este in Uruguay, rücken die Ufer 200 km auseinander.

Insgesamt umfasst die Oberfläche des Ästuars etwa 36 000 km². Allerdings ist es relativ flach: Seine Tiefe schwankt zwischen 25 m (vor der Mündung des Río Uruguay) an der tiefsten und 3 bis 4 m an den flachsten Stellen. Da die beiden Zuflüsse enorme Schlammmengen mit sich führen, wirkt das Wasser des Río de la Plata gelblich, ja schmutzig trüb, und die wichtigsten Schifffahrtswege müssen fortwährend mit hohem Aufwand freigebaggert werden.

**Tropenwald und Eismeer**

*Regenwaldvegetation in der Nähe der Wasserfälle von Iguazú*

sind. Auch eine der großen Attraktionen dort, der *Tren a las Nubes* (s. S. 66), fährt nur im Winterhalbjahr.

Den **Nordosten** und **Buenos Aires** besucht man am besten im Herbst und Frühjahr, weil es im Winter nasskalt und im Sommer zu heiß ist.

Eine ideale Reisezeit für ganz Argentinien gibt es nicht. Wer das gesamte Land kennen lernen will, sollte zwischen Januar und März fahren. In diesen Monaten kann man in der Regel sonnig warmes Wetter erwarten. Im Süden ist der Himmel meist wolkenlos, sogar in den Höhenlagen der Anden wärmt die Sonne tagsüber noch. Die Schwüle in den subtropischen Gebieten von Misiones und in Buenos Aires muss man allerdings aushalten. Dennoch: Regenzeug, Pullover und eine winddichte Jacke gehören ins Gepäck.

## Natur und Umwelt

Die landschaftliche und klimatische Vielfalt Argentiniens hat ein breites Spektrum an Tier- und Pflanzenarten hervorgebracht, deren Anzahl jedoch mit den Niederschlägen von Nordosten nach Südwesten abnimmt.

### Nordwestlicher Chaco

Im nordwestlichen Chaco dominieren immergrüner Trockenwald und Dornengewächse. Von den Baumarten kommt am häufigsten der *Quebracho* vor, aus dessen Holz Tannin gewonnen wird. In der artenarmen Tierwelt trifft man auf den Nandu *(ñandu)*, den südamerikanischen Vogel Strauß, in den Feuchtgebieten mit viel Glück auf Tapire, Schlangen und Affenarten.

### Die Puna

Mit ihren starken Temperaturschwankungen erinnern Puna und Hochgebirge im Nordwesten an eine Wüste. Bis 3200 m Höhe wächst ein wenig Buschwald; Kakteen oder Polster von Büschelgräsern, die wie Igel aussehen, heben sich vom kargen Boden ab. *Guanakos* und *Lamas,* zwei Kleinkamelarten, weiden auf dem dürren Grün. Häufig ziehen Greifvögel ihre Kreise am Himmel, darunter auch Adler und Kondore.

## Feuchtwälder und Regenwälder

Östlich der Puna liegen die subtropischen Feuchtwälder. Die Baumriesen sind mit Moosen, Flechten und Aufsitzerpflanzen überwuchert; viele Orchideen haben hier ihren Lebensraum. Die dichten Wälder durchstreifen Affen, Tapire und Jaguare.

Die Provinz Misiones im Nordosten liegt im Gebiet der subtropischen Regenwälder. Charakteristisch sind Zedern, Palmen, der bis zu 20 m hohe *Lapachobaum* und der *Ilex paraguariensis,* besser bekannt als *hierba mate* oder *yerba.* Seine Blätter liefern den Rohstoff für den Matetee (s. S. 33).

Die artenreiche Tierwelt ist bedroht: Häufiger als den inzwischen seltenen Jaguar kann man Tapire, Affen, Gürteltiere und Wildkatzen beobachten. Papageien, Kolibris und die prächtigen Tukane sind bekannte Vertreter aus dem Reich der Vögel.

## Die Pampa

In dem Kerngebiet Argentiniens hat sich die natürliche Tier- und Pflanzenwelt durch menschliche Eingriffe stark verändert. Viehzüchter haben auf den Weiden vorher nichtheimische Gräser gesät und Bäume gepflanzt, um den Rindern Wetterschutz zu bieten. Mit der Flora wandelte sich auch die Fauna. Der Pampahirsch ist inzwischen fast ausgestorben, während kleinere Säuger wie Stink- oder Gür-

---

### Pampero, Norte, Sudestada und Zonda

Für schnelle Wetterumschwünge sorgen die Winde, die mit Höchstgeschwindigkeiten von bis zu 180 km/h über das Land fegen. Der bekannteste ist der **Pampero,** der die Provinz Buenos Aires im Sommer, wenn in Nordargentinien ein ausgeprägtes Kontinentaltief vorherrscht, alle sieben bis zehn Tage heimsucht. Dieser Südwind bringt kühle Luft aus Patagonien mit und sorgt für dramatische Temperaturstürze von bis zu 15 °C.

Der »trockene Pampero« *(pampero seco)* bewirkt nur eine kräftige Abkühlung, der »feuchte« *(pampero húmedo)* geht mit sintflutartigen Gewittern einher. Sie treten immer dann auf, wenn der Pampero mit den warmfeuchten Luftmassen des Norte, des Gegenspielers des Pampero, zusammentrifft und diese abkühlt. Ein Sturmwind, der »schmutzige Pampero« *(pampero sucio),* bringt zusätzlich noch große Staubmengen aus den Ebenen Patagoniens mit. Wenn nur der **Norte** weht, klagt Buenos Aires über schwüle Hitze.

Im argentinischen Winter, wenn sich das Tiefdruckgebiet nordwärts verlagert und das atlantische Hoch auch den Kontinent beeinflusst, blasen der Sudestada und der Zonda. Der **Sudestada** kommt, wie schon sein Name verrät, aus südöstlicher Richtung. In Buenos Aires ist er wenig beliebt, weil er viel Feuchtigkeit mit sich führt. Der **Zonda** weht im Winter in der Cuyo-Region. Dieser Föhnwind trägt pazifische Luftmassen heran, die sich beim Aufstieg über die Anden abregnen und sich, nachdem sie die Höhen überwunden haben, beim Absinken erneut erwärmen. Als stark böige Fallwinde werden sie in den Gebirgstälern kanalisiert.

# Tropenwald und Eismeer

*Am Ufer des Lago Fagnano, Feuerland*

teltiere häufiger vorkommen. Bei den Vögeln fallen am meisten der Nandu und der *hornero* oder Töpfervogel auf.

### Patagonien
Diese Strauch- und Wüstensteppe ist ein unwirtlicher Landstrich mit Geröllfeldern aus der Eiszeit, der über Hunderte von Kilometern hinweg mit Trockenbüschen und Gräsern bewachsen ist. Nur in den Anden gedeihen immergrüne Südbuchen und in höheren Lagen sommergrüner Bergwald. Die Tierwelt ist reich: Es gibt Guanakos, Füchse, den patagonischen Hasen und Nandus. Ein Tierparadies ist die Atlantikküste, wo Tausende von See-Elefanten, Seelöwen, Robben, Pinguinen und Walen leben (s. S. 78 ff.).

### Feuerland
Auf dem Archipel Feuerland wird die Steppe bei Río Grande als Weide für die Schafzucht genutzt; rund um den Lago Fagnano wachsen Büsche und Sträucher. In der Kordillere setzen sich die patagonischen Gebirgswälder fort, die Baumgrenze liegt hier bei 600 m.

### Naturschutzgebiete
Im ganzen Land wurde inzwischen eine Vielzahl von Schutzzonen und Nationalparks eingerichtet, die nicht alle denselben Status haben. So gibt es nationale Schutzgebiete und solche, die den Provinzen unterstehen. Andere sind als Naturdenkmäler *(Monumentos Naturales)* ausgewiesen.

Echte Schutzzonen liegen meist in abgeschiedenen Regionen; manche Naturparks sind heute aufgrund ihrer touristischen Infrastruktur gut besuchte Ferienziele.

Verkehr und Industrie, Müll und verseuchtes Wasser belasten Buenos Aires und andere Städte. Auch auf dem Land gibt es ökologische Probleme: Heute findet man in den Nordprovinzen nur noch ein Drittel der Waldbestände von 1914.

Das Hauptproblem in Patagonien ist die Versteppung. In trockenen Jahren können die Grasflächen kaum nachwachsen. Die Schafe reißen das kurze Gras mit den Wurzeln aus, und der Wind weht dann die lockere, fruchtbare Erdschicht davon. Die Verwüstung schlägt inzwischen bei den Schafzüchtern zu Buche: Benötigte ein Schaf Anfang des 19. Jhs. nur 3 ha Weidefläche, so sind es heute 5–8 ha.

## Bevölkerung

Als einen Spanier, der wie ein Italiener spricht, sich wie ein Franzose kleidet und sich selbst für einen Engländer hält, so beschreibt ein Witz die Argentinier. Der Scherz enthält einen wahren Kern, denn Argentinien war und ist noch immer ein Einwanderungsland.

Stammten in den 1920er- und 1930er-Jahren die meisten Emigranten aus Europa, so suchen heute vor allem Menschen aus den südamerikanischen Nachbarländern hier eine neue Heimat: Sie kommen oft illegal aus Bolivien, Paraguay und Chile, in der Hoffnung auf eine bessere Zukunft.

Die kleinste Bevölkerungsgruppe des Landes, die auch am unteren Ende der sozialen Leiter angesiedelt ist, bilden die Nachfahren der Ureinwohner: Etwa 450 000 Indianer leben noch in Argentinien, die meisten von ihnen in den nordwestlichen Provinzen.

Heute hat der Staat etwa 38,4 Mio. Einwohner, fast ein Drittel (ca. 12 Mio.) hat sich im Großraum Buenos Aires niedergelassen. Wer eine lange Fahrt über Land unternimmt, stellt fest, dass weite Flächen gar nicht besiedelt sind. In der südlichsten patagonischen Provinz Santa Cruz hat jeder Einwohner theoretisch mehr als einen Quadratkilometer Raum.

### Sprache

Amtssprache ist Spanisch, allerdings mit einigen landestypischen Besonderheiten. Argentinien gehört zu den »vos«-Ländern, d. h. in der zweiten Person Singular wird das Gegenüber nicht mit *tu*, sondern mit *vos* angesprochen. Die zweite Person Plural wird mit *ustedes* statt mit *vosotros* gebildet. Weitere Abweichungen finden

## Deutsche in Argentinien

»Oans, zwoa, gsuffa«: Wenn beim Oktoberfest in Villa General Belgrano (s. S. 73) in Lederhosen oder Dirndl geschunkelt wird, könnte man fast vergessen, dass man sich in Südamerika befindet. Viele der Einwohner des schmucken Städtchens stammen von den Matrosen des Panzerkreuzers »Graf Spee« ab, der 1939 auf Kaperfahrt vor der uruguayischen Küste leck geschossen wurde. Die Mannschaft setzte sich größtenteils nach Argentinien ab. Wer bleiben wollte, ließ sich in Villa General Belgrano nieder.

Schon Mitte des 19. Jhs. wanderten Deutsche nach Argentinien aus – vor allem preußische Bauern und Handwerker. Erstmals aus politischen Gründen schifften sich Mitglieder der Arbeiterpartei 1878 zum Río de la Plata ein, verjagt von Bismarcks Sozialistengesetzen. Die Wirtschaftskrise der 1920er-Jahre hatte eine weitere Auswanderungswelle zur Folge, und nach Hitlers Machtergreifung flohen 50 000 deutsche Juden in den Pampastaat. Mehrheitlich erwiesen sich die Deutsch-Argentinier jedoch als stramme Nazis: Bereits 1931 stand die »NSDAP-Ortsgruppe«, Juden und Antifaschisten drängte man aus deutschen Unternehmen und Vereinen. Immerhin formierten emigrierte Kommunisten und Juden 1937 die Gruppe »Das andere Deutschland«, um z. B. vor den Nazis Geflohene zu unterstützen. Nach dem Zweiten Weltkrieg tauchten Nazi-Größen und -Mitläufer zu Tausenden in Argentinien unter, protegiert vom Hitler-Bewunderer Perón.

Etwa 200 000 Deutsche und 800 000 Deutschstämmige leben heute in Argentinien, sozial integriert und ohne Probleme untereinander oder mit anderen ethnischen Gruppen. Die meisten sind in Buenos Aires zu Hause, wo es deutsche Schulen und Klubs, ein deutsches Krankenhaus und mit dem »Argentinischen Tageblatt« eine deutschsprachige Wochenzeitung gibt (www.tageblatt.com.ar).

sich in der Aussprache: y und ll, die im Spanischen wie j und lj lauten, werden wie weiches dsch oder sch gesprochen. So hört sich *yo* (ich) wie *scho* an, *llamar* (anrufen) wie *dschamar*, und ein *pollo* (Huhn) ist ein *poscho*.

⭐ Zwei empfehlenswerte Spanischschulen in Buenos Aires:
■ **Instituto de Lengua Española para Extranjeros,** Av. Callao 339, piso 3, Tel. (0 11) 47 82 71 73, http://argentinailee.com
■ **UBA** (Universidad de Buenos Aires), 25 de Mayo 221, Tel. (0 11) 43 43 59 81, www.idiomas.filo.uba.ar

Selten wird man einige Worte aus dem *Lunfardo* vernehmen, der Sprache der Unterschicht in Buenos Aires. Sie mischte Wörter aus italienischen Dialekten, aus dem Südfranzösischen und dem Jiddischen ins Spanische. In alten Tangotexten ist das Lunfardo heute noch lebendig.

## Identität und Gesellschaftsstruktur

Eine sehr zutreffende Beschreibung des Porteño lieferte der spanische Philosoph José Ortega y Gasset: »Der Argentinier lebt hingespannt – nicht auf das, was wirklich sein Leben ausmacht, oder auf das, was er als Person tatsächlich ist – sondern auf eine Vorstellung, die er von sich selber hat (...). Es ist keine scharf umrissene Idee, zusammengesetzt aus den oder jenen

### Steckbrief

■ **Fläche:** 2 776 889 km².
■ **Bevölkerung:** 39,3 Mio. Einw., durchschnittlich 12,8 Einw./km², allerdings große regionale Unterschiede (in Buenos Aires leben knapp 15 000 Menschen pro Quadratkilometer, im Süden Patagoniens hingegen weniger als einer). Bevölkerungswachstum: 1,3 %; Lebenserwartung: 68 Jahre (Männer), 74 Jahre (Frauen).
■ **Staatssprache:** Spanisch.
■ **Größte Städte:** Buenos Aires (Großraum ca. 12 Mio. Einw.), Córdoba (1,2 Mio. Einw.), Rosario (1 Mio. Einw.), Mendoza (700 000 Einw.), La Plata (540 000 Einw.).
■ **Geografie:** Argentinien grenzt im Westen an Chile, im Nordwesten an Bolivien, im Norden an Paraguay, im Nordosten an Brasilien und Uruguay. Im Osten erstreckt sich die 5100 km lange Atlantikküste. Die höchsten Berge sind Aconcagua (6959 m), Nevados de Ojos del Salado (6880 m), Volcán Bonete (6872 m), Cerro Tupungato (6800 m) und Cerro Mercedario (6770 m). Die Höhenangaben sind mitunter schwankend. Längster Fluss ist der Río Paraná (3700 km).
■ **Staatsform:** Seit 1853 präsidiale Bundesrepublik; Verfassung von 1994, letzte Änderung 1997. Das Staatsgebiet setzt sich aus 23 Provinzen und dem Hauptstadtbezirk Buenos Aires zusammen. Argentinien reklamiert einen Teil des Antarktisgebietes sowie die Falklandinseln (Malvinen) für sich.
■ **Wirtschaft:** Inflationsrate 10,5 % (2006); BIP pro Einw. 5300 US-$ (2006); Wachstum 7,5 % (2007); Arbeitslosenquote offiziell 10,1 %, weitere 10 % sind Schätzungen zufolge nicht gemeldet. Auslandsverschuldung ca. 126 Mrd. US-$.

*Indianerfrau in Humahuaca*  *Jugendliche in Buenos Aires*

Attributen; er hält sich nicht für einen großen Gelehrten, einen Apollo, einen Politiker usw. Das wäre schlechthin Eitelkeit. Er weiß nicht recht, wofür er sich hält (...), aber er empfindet Hochachtung vor dieser unscharfen Persönlichkeit, zu der es sein Wesen gebracht hat. Man kommt um den einzigen wirklich streng gefassten Ausdruck nicht herum: Der Argentinier findet Geschmack an sich selbst (...). Es ist mithin natürlich, dass die Kommunikation mit dem Argentinier nicht leicht fällt. Wir suchen sein Inneres, er zeigt uns sein Idealbild, seine Rolle vor.«

Diese Beschreibung gilt vorwiegend für die Mittelschicht: Beamte, Geschäftsleute, Verkäufer, kleinere Industrielle, Akademiker, Künstler und Intellektuelle sowie große Teile des Militärs. Ihre Identität ist gebrochen: Sie träumen vom kulturellen Vorbild Europa, sie kopieren die Lebensverhältnisse der Oberschicht und kämpfen gegen den drohenden sozialen Abstieg in die Unterschicht. Denn diese wächst ständig und ist inzwischen die größte Gruppe. Zu ihr zählen Arbeiter, Handwerker und Einwanderer aus den armen Nordprovinzen oder den Nachbarländern, die in den Elendsvierteln von Buenos Aires ihr Dasein fristen.

Die Vertreter der Oberschicht leben stattdessen als getreue Kopie des internationalen Jetsets mit ausschweifendem Lebensstil. Für sie zählt nur der wirtschaftliche und gesellschaftliche Erfolg. Industrielle, Großgrundbesitzer, Banker, Fernsehstars, hochrangige Militärs, Politiker und sogar hohe kirchliche Würdenträger gehören zu diesem Teil der Bevölkerung.

Die Familie steht meist im Mittelpunkt, wobei die Rollen im Familienleben häufig noch streng verteilt sind: Die Männer haben das Sagen bei Themen wie Politik und Wirtschaft, bei nahezu allen familiären Fragen hingegen sind die Frauen zuständig. Während sie für den Zusammenhalt in der Familie sorgen und auch noch alle Ansprüche erfüllen müssen, die der Ehegatte an eine perfekte Geliebte stellt, haben die Herren der Schöpfung nur eine Aufgabe: »bien macho« zu sein. Machismo bedeutet Kraft, Mut, aber auch Hartherzigkeit – und einen ungebremsten sexuellen Appetit.

# Wirtschaft

Nachdem Argentinien 2002 aufgrund immenser Auslandsschulden bereits kurz vor der Zahlungsunfähigkeit

## Tropenwald und Eismeer

*Die Quelle früheren Reichtums war die Rinderzucht in der Pampa*

stand, konnte es ja eigentlich fast nur noch aufwärts gehen. Die Verschuldung liegt zwar immer noch bei rund 125 Mrd. US-$, aber immerhin konnte man 2006 durch die vorzeitige Rückzahlung der Verbindlichkeiten gegenüber dem IWF die eigenen Währungsreserven wieder auffüllen und im April 2007 mit über 37 Mrd. US-$ einen neuen Höchststand bei den Reserven erreichen. Vielleicht noch hoffnungsvoller erscheint es, dass die argentinische Wirtschaft 2006 mit einem realen Zuwachs des

### Bife à la Argentina

Als die ersten Siedler im 16. Jh. Rinder und Schafe mit ins Land brachten, ahnten sie nicht, dass sie damit die Grundlage für Argentiniens späteren Reichtum legen würden. Denn die Rinder blieben für sie bis weit ins 18. Jh. hinein wirtschaftlich uninteressant. Man tötete ein Rind nur, wenn man das Fell oder einen Braten brauchte. Es ist überliefert, dass herumstreifende Gauchos ab und zu ein Rind auf der weiten, baumlosen Pampa nur deshalb abstachen, weil sie ihr Pferd an dessen Horn festbinden wollten. Für den Eigenbedarf wurde Fleisch auch gepökelt.

Ab 1859 änderte sich dies. Damals entstand im uruguayischen Fray Bentos die erste Fabrik für Salz- und Trockenfleisch; nachdem der deutsche Ingenieur Georg Giebert dort 1861 das von Justus Liebig entwickelte Verfahren zur Fleischextraktherstellung eingeführt hatte, war der Grundstein für die Fleisch verarbeitende Industrie gelegt: Knapp 200 000 Rinder wurden von da an pro Jahr in Fray Bentos geschlachtet. 1866 gelang es erstmals, Fleisch als *corned beef* zu konservieren, und 1877 fuhr der erste Gefrierfleischfrachter von Buenos Aires nach Europa. Parallel zum Fleischboom entwickelte sich die Wollwirtschaft, denn auch mit Rohwolle war auf dem Weltmarkt viel Geld zu verdienen. Riesige Estancias entstanden. Die bisher frei lebenden Rinder wurden eingefangen und neue Rassen importiert, die mehr Fleisch lieferten. Der Draht, mit dem die Viehzüchter ihre Weiden umzäunten, wurde während der letzten 30 Jahre des 19. Jhs. zum wichtigsten argentinischen Importgut.

Nach Rinderwahnsinn und Maul- und Klauenseuche freuen sich die Exporteure am Río de la Plata seit einiger Zeit wieder über steigende Umsatzzahlen für Fleisch in Übersee. Schließlich, so betonen die Züchter nimmermüde, leben argentinische Rinder allein von Pampasgras, Wasser und Luft …

BIP von 8,5 % im vierten Jahr in Folge kräftig boomt. Für 2007 und 2008 rechnet man immer noch mit 7–7,5 %. Dazu tragen vor allem die gute Weltkonjunktur, hohe Rohstoffpreise und eine stark anwachsende Binnennachfrage bei. Die Stimmung hat sich erholt, das Geld sitzt locker und die Argentinier leisten sich wieder etwas – wenn sie es denn können. Vor allem in den Vorstädten und im indianisch geprägten Nordwesten leben weiterhin viele Menschen in bitterer Armut, Kinder leiden unter Mangelernährung und schlechter Bildung. Aber auch in der städtischen Mittelklasse halten sich viele Familien nur mühsam mit Zweit- und Drittjobs über Wasser. Neue Zuversicht verbreitet nun die Regierung unter Präsidentin Kirchner (s. Exkurs S. 25), die Investitionen ins Land holen will und auf Strukturreformen setzt.

Bis in die 1930er-Jahre war Argentinien eines der reichsten Länder der Welt – mit Rindfleisch ließen sich Millionen verdienen. Auch heute noch bildet die Landwirtschaft das Rückgrat der Wirtschaft, schließlich werden damit mehr als die Hälfte aller Exporterlöse erzielt.

Nur 12 % der nutzbaren Flächen dienen dem Ackerbau, aber immerhin die Hälfte der Zucht von Rindern und Schafen. 50 Mio. Rinder, 28 Mio. Schafe und etwa 3 Mio. Pferde weiden heute auf den unendlichen Flächen der Pampa und Patagoniens.

Argentinien ist reich an Bodenschätzen. Zu den wichtigsten Bergbauprodukten zählen Steinkohle, Eisenerz, Mangan, Kupfer, Zink, Blei, Silber und Erdöl.

2006 erzielte Argentinien mit rund 46,6 Mrd. US-$ einen neuen Exportrekord. Die wichtigsten Absatzmärkte für Fleisch, Getreide und Soja aus der Pampa liegen in den Nachbarstaaten

*In den Provinzen Salta und Jujuy gedeihen beste Chilischoten*

des Mercosur (19 %), in der EU (17 %) und in Nordamerika (15 %). Deutschland ist der größte Abnehmer argentinischen Rindfleischs innerhalb Europas; Kupfer, Obst und Wein machen einen weiteren bedeutenden Teil der 1,2 Mrd. US-$ des deutschen Importvolumens aus.

## Politik und Verwaltung

Seit Rücktritt der Militärjunta 1983 ist die Verfassung von 1853 wieder in Kraft: Sie charakterisiert Argentinien als präsidiale Bundesrepublik. Das Volk wählt den Staatspräsidenten auf vier Jahre; eine einmalige Wiederwahl ist seit der Verfassungsänderung von 1994 möglich. Die Legislative obliegt dem Kongress, der aus Abgeordnetenhaus und Senat besteht. Ersteres wird gewählt; in den Senat entsenden die Provinzen ihre Vertreter.

Die 23 Provinzen haben jeweils ihre eigene Regierung, der ein Gouverneur

## »Weine nicht um mich, Argentinien, ...«

Evitas Leben ist Stoff für ein Drehbuch: 1919 in dem Pampadorf Los Toldos geboren, wird die Tänzerin durch ein eigenes Radioprogramm in Buenos Aires bekannt. Hier trifft sie 1944 den aufstrebenden, doppelt so alten Militär Juan Domingo Perón, den sie heiratet.

Das Ausmaß ihres Einflusses auf den **Justicialismo,** wie Perón seine Politik selbst nannte, ist umstritten. Der Justizialismus (von lat. *iustitia* – Gerechtigkeit) war eine seltsame Mischung aus verschiedenen Ideologien, ein Populismus, der unzählige Widersprüche miteinander vereinte.

Der Justicialismo bemühte sich um sozialen Ausgleich, politische und wirtschaftliche Souveränität, griff dirigistisch in Wirtschaft und Lebensführung ein, hofierte das Militär, ja kokettierte sogar mit dem deutschen Nationalsozialismus. Es funktionierte gut, solange die Wirtschaft prosperierte und die Sozialleistungen finanzierbar waren, ohne die Gewinne der Industriellen oder Grundbesitzer anzutasten.

Unter Perón gab es erstmals eine Wirtschaftsplanung sowie Reformen im Sinne der Arbeiter: Preisbindung bei Mieten und Nahrungsmitteln, Lohnanpassungen, feste Arbeitszeiten, 13 Monatsgehälter, Ruhestandsgelder, Unfall- und Krankenschutz. 1945 bis 1948 stieg der Reallohn um 50 %. Die Armen, die *Descamisados* (»Hemdlose«), die davon profitierten, wurden Peróns Hausmacht.

Evita Perón flankierte die Politik ihres Mannes öffentlichkeitswirksam: Perfekt spielte sie die Rolle der vorbildlichen Argentinierin, die ihr Land und ihren Ehemann gleichermaßen liebt. Sie wirkte auf die Einführung des Frauenwahlrechts hin (1947) und beteuerte gleichzeitig, dass sie alles nur für ihren geliebten Gatten tue. Ihren Einfluss sicherte sie durch die Vergabe hoher Posten an Familienmitglieder. Das bis heute kaum angetastete Bild der fürsorglichen Landesmutter rundete sie mit der Leitung des Regierungsbüros für Arbeit und Wohlfahrt ab. Eine Stiftung, die Geld an Arme verteilte, war nach ihr benannt. Mit Kritikern gingen die Peróns nicht zimperlich um: Politische Gegner ließ man verhaften, die Presse wurde unterdrückt.

Evita Perón starb am 27. Juli 1952 – 33-jährig – an Krebs. Hunderttausende hielten Totenwache. »Weine nicht um mich, Argentinien, denn ich bleibe dir ganz nah« lautet die Grabinschrift für Evita in der Familiengruft der Duartes (Friedhof von Recoleta in Buenos Aires).

Ihrer Nachfolgerin Isabel, Peróns dritter Frau, war weniger Fortune beschieden. Nach Peróns Tod übernahm sie 1974 das Präsidentenamt, wurde aber 1976 von den Militärs gestürzt.

**Lesetipps:** Alicia Dujovne Ortíz, **Evita Perón.** Die Biografie. Berlin 1998 (Aufbau Taschenbuch Verlag). Tomás Eloy Martínez, **Santa Evita.** Frankfurt/M. 1998 (Suhrkamp).

vorsteht. Parlamente und Gouverneure werden vom Volk gewählt.

Die wichtigste Partei des Landes, der *Partido Justicialista (PJ)*, wurde von Juan Domingo Perón gegründet. Vor dem Hintergrund der Wirtschaftskrise 2002/2003 setzte sich der PJ-Kandidat Néstor Kirchner bei den Präsidentschaftswahlen 2003 gegen seinen Rivalen Carlos Menem durch. 2007 folgte ihm seine Ehefrau Cristina Fernandez de Kirchner (s. Exkurs rechts) ins Amt.

Seit den 1930er-Jahren gilt das Militär als feste Größe in der Politik. Fünf Diktaturen gab es seither, die letzte, eine der brutalsten, dauerte von 1976 bis 1983. Mit grenzenlosem Terror unterdrückten die Militärs die Subversion, und subversiv war jeder, den die Militärs so nannten. Über 30 000 Menschen verschwanden in dieser Zeit, und ständig werden neue Gräueltaten bekannt.

Die bekanntesten Kämpferinnen gegen den Terror sind die *Madres de la Plaza de Mayo* (»Mütter der Plaza de Mayo«). Sie demonstrieren noch heute jeden Donnerstag vor dem Präsidentenpalast, um Auskunft über den Verbleib der Verschwundenen, meist ihrer eigenen Kinder und Enkel, zu fordern.

Außenpolitische Konflikte bestanden mit dem Nachbarn Chile wegen des umstrittenen Grenzverlaufs in einigen Gebieten der Anden und in den labyrinthischen Wasserwegen um Feuerland.

Nicht beendet, aber beigelegt ist der Konflikt mit Großbritannien um die Falklandinseln *(Islas Malvinas)*. In der Überzeugung, dass Großbritannien keinen Krieg riskieren würde, hatten die Militärs 1982 die Malvinen besetzt. Zwei Monate später mussten sie die Inseln räumen. Allerdings erhebt man weiterhin Anspruch darauf.

## »Königin« Cristina

»Latina-Hillary«, »die neue Evita« und »Madame Guillotine« wegen ihrer gefürchteten scharfen Zunge: Vergleiche gab es lange vor ihrer Wahl zur Präsidentin Argentiniens. Aber wer ist Cristina Fernández de Kirchner wirklich, jene Frau, die seit 2007 im Pampa-Staat regiert? Geboren 1953 in La Plata, engagierte sich die Tochter eines Fuhrunternehmers und einer Gewerkschafterin früh in der peronistischen Partei. Auf der Uni lernte sie ihren späteren Ehemann Nestor Kirchner kennen, dem sie während der Militärdiktatur ins patagonische Río Gallegos folgte. Dort führte das Paar eine Anwaltskanzlei. Im tiefen Süden startete auch die politische Karriere der Kirchners, für Nestor als Bürgermeister und Gouverneur, für Cristina als Parlamentsabgeordnete. 2003 gewann Señor Kirchner die Präsidentschaftswahlen, 2005 wurde Señora Kirchner Senatorin der bevölkerungsreichen Provinz Buenos Aires – das Sprungbrett ins Präsidentenamt. Stets perfekt geschminkt, elegant gestylt und mit teurem Schmuck behängt, verdiente sich die machtbewusste First Lady rasch den Beinamen »Reina«, »Königin« Cristina. Die Wahlen im November 2007 gewann sie klar mit 44% der Stimmen. Wie ihr Mann hält sie sich mit programmatischen Festlegungen zurück, doch es wird allgemein erwartet, dass sie Nestor Kirchners Politik fortsetzt (www.cristina.com.ar).

## Geschichte im Überblick

### Das Schicksal der Ureinwohner

Im Gebiet des heutigen Argentinien siedeln vor der spanischen Eroberung zahlreiche Indianerstämme. Der Völkermord beginnt mit ihrer gewaltsamen Christianisierung und findet sein grausames Ende im Feldzug des argentinischen Generals Roca, der *Campaña del Desierto* (1879/80). Die Ausbreitung der Estancias tut ein Übriges: Um Platz für europäische Siedler zu schaffen, werden die Indianer aus ihren angestammten Gebieten in Reservate umgesiedelt. Heute beträgt ihr Bevölkerungsanteil 2 %.

### Unter spanischer Herrschaft

**1516** Juan Díaz de Solís gelangt als erster europäischer Seefahrer an den Río de la Plata. Vier Jahre später umsegelt Ferdinand Magellan den neuen Kontinent im Süden.
**1536** Pedro de Mendoza lässt am Südufer des Río de la Plata ein Fort errichten. Wegen wiederholter Angriffe des Stammes der Querandí ist jedoch erst die zweite Gründung von Buenos Aires im Jahr 1580 erfolgreich.
**1776** Der spanische König Carlos III. beschließt die Gründung des Vizekönigreiches Río de la Plata mit Buenos Aires als Hauptstadt.
**Um 1800** In ganz Lateinamerika entwickelt sich die Unabhängigkeitsbewegung. Die Kolonialmacht Spanien ist geschwächt; Großbritannien versenkt 1805 die spanische Flotte bei der Schlacht von Trafalgar, kann sich so als überlegene Seemacht etablieren und versucht Einfluss auf die südamerikanischen Kolonien zu gewinnen.

### Argentinien wird unabhängig

**1810** Am 25. Mai setzt ein neu gegründeter Stadtrat in Buenos Aires den spanischen Vizekönig ab. José de San Martín (1778–1850) baut 1815 ein Heer auf, um das Land zu befreien.
**1816** Argentinien erklärt sich auf dem Kongress von Tucumán für unabhängig. San Martín zieht mit etwa 10 000 Pferden und Maultieren über die Anden, wo Argentinier und Chilenen gemeinsam am 12. Februar 1817 die Spanier bei Chacabuco besiegen. 1818 erringt Chile die Unabhängigkeit.
**1833** annektiert Großbritannien die *Islas Malvinas* (Falklandinseln).
**Bis 1853** ist Argentiniens innenpolitische Lage geprägt von dem Konflikt zwischen Unitariern, den Vertretern des Handelsbürgertums und Befürwortern eines Einheitsstaates, und Föderalisten, meist Großgrundbesitzern, die eine weitgehende Autonomie der Provinzen fordern. Aus ihren Reihen kommen die sog. Caudillos. Sie vertreten die Interessen der Landaristokratie und verkörpern das Gesetz der Pampa, wie es sich im Mythos Gaucho widerspiegelt (s. S. 31).
**1. Mai 1853** 13 Provinzen geben sich eine gemeinsame Verfassung. Zur Hauptstadt wählen sie Paraná, auch weil sich das von Unitariern beherrschte Buenos Aires für autonom erklärt. Es wird nach seinem Beitritt zur Föderation 1880 Hauptstadt.
**Um 1880** Patagonien wird angegliedert. Getreideanbau und Viehzucht florieren, das Land entwickelt sich zur reichen Exportnation. Die Regierung fördert die Einwanderung aus Europa.
**1916** Bei den ersten Präsidentschaftswahlen – Stimmrecht haben nur Männer – siegt Hipólito Irigoyen. Er führt

eine Sozialgesetzgebung ein, die er mit den Gewinnen aus dem Fleisch- und Getreidehandel finanziert.
**1929** Die Weltwirtschaftskrise stürzt Argentinien ins Chaos. Die Arbeitslosigkeit steigt, der Peso verfällt. 1930 putscht General José Félix Uriburu – der erste Putsch im 20. Jh. In der Folge werden bei manipulierten Wahlen mehrere Militärs als Präsidenten bestätigt, *La Década Infama,* »das ehrlose Jahrzehnt«, beginnt. 1944 wird Juan Domingo Perón Sozialminister.
**1945** Als letztes Land der Erde erklärt Argentinien am 27. März Deutschland und Japan den Krieg.

### Die Ära Perón

**1946** Perón gewinnt die Wahl zum Präsidenten. Er setzt eine umfassende Sozialgesetzgebung durch, die er mit den Profiten aus der boomenden Exportwirtschaft finanziert. Das Ende des ökonomischen Aufschwungs verringert seinen politischen Spielraum.
**1955** Nach dem Sturz durch das Militär begibt sich Perón ins spanische Exil. In der Folgezeit löst eine Junta (Militärregime) die nächste ab; 1958 geht Arturo Frondizi aus den freien Wahlen als Präsident hervor.
**1966** Das Militär übernimmt die Macht, kann jedoch die Wirtschaftskrise nicht lösen. General Alejandro A. Lanusse leitet die Rückkehr zur Demokratie ein, 1973 wird der Linksperonist José Campora Präsident.
**1973** Perón kehrt aus dem Exil zurück und tritt erneut die Präsidentschaft an. Nach seinem Tod am 1. Juli 1974 übernimmt seine dritte Frau Isabel das Amt. Die Gesellschaft ist gespalten: Guerillaaktionen werden mit Staatsterror beantwortet.

### Die Herrschaft der Militärs

**1976** Das Militär stürzt Isabel Perón, General Jorge R. Videla errichtet eine blutige Militärdiktatur. Über 30 000 Menschen verschwinden in Folterzentren.
**1982** Das Militär besetzt die Falklandinseln *(Islas Malvinas)* – u. a., um von seinem Versagen in der Innen- und Wirtschaftspolitik abzulenken. Doch nur sechs Wochen später erobert Großbritannien die Inseln zurück. Die Niederlage leitet das Ende der Militärdiktatur ein.

### Rückkehr zur Demokratie

**1983** Raúl Alfonsín siegt bei den Präsidentschaftswahlen. Erstmals prozessieren in Südamerika zivile Gerichte gegen Militärs. 1987 lässt Alfonsín auf Druck des Militärs sämtliche Verfahren einstellen.
**1989** Carlos Saúl Menem folgt als Staatspräsident. Er wird im Mai 1995 im Amt bestätigt.
**2000** Verhaftung hochrangiger Militärs wegen Verbrechen gegen die Menschlichkeit während der Diktatur.
**2002** Wirtschaftskrise und drohende Zahlungsunfähigkeit des Staates.
**2003** Néstor Kirchner (PJ) gewinnt die Stichwahl um das Präsidentenamt gegen Carlos Menem.
**2004** Weltklimakonferenz in Buenos Aires.
**2005** Wirtschaftliche Konsolidierung und Umschuldung des Staatsdefizites. Aufhebung der Amnestiegesetze aus der Ära Alfonsin.
**2007** Cristina Fernández de Kirchner wird zur neuen Staatspräsidentin Argentiniens gewählt.

# Kultur gestern und heute

Die Ureinwohner Argentiniens haben kaum Spuren hinterlassen. Man fand einzelne Keramiken und in Höhlen Patagoniens (*Cueva de las Manos,* Santa Cruz) künstlerisch gestaltete Negativabdrücke von Händen. Während die Völker im Zentrum und im Süden des Landes bis zur Kolonialisierung als Nomaden lebten, entstanden im Nordwesten bereits um 1000 feste Siedlungen. Später wurden diese von den Inka zu Stützpunkten *(Pucarás)* ausgebaut, deren Ruinen erhalten sind.

Die bildenden Künste standen lange im Schatten europäischer Vorbilder. Das bekannteste kulturelle Exportprodukt Argentiniens ist heute der Tango, der in Buenos Aires seine charakteristischen Formen annahm.

## Architektur

Der Kolonialstil entwickelte sich vom 16. bis ins 19. Jh. Die meist zweistöckigen Wohnhäuser sind hufeisenförmig um einen Innenhof, den *patio,* gebaut. Mit Holzläden versehene hohe Fenster lassen Luft, aber wenig Sonne in die Räume, und von den Balkonen konnte man gut den Nachbarn grüßen.

Besonders im Norden sind zahlreiche Bauten aus der Kolonialzeit erhalten, in den Provinzen Salta und Jujuy neben Wohnhäusern auch viele Kirchen des 16./17. Jhs. Sie zeichnen sich häufig durch eine gedrungene, fast wehrhafte Architektur aus. Koloniale Kunst in ihrer schönsten Ausprägung erlebt man im Nordosten, in der Provinz Misiones. Die Ruinen der Jesuitenmission San Ignacio Miní verblüffen durch reiches Dekor: Europäische

*San Francisco in Salta erstrahlt in aufwändigem kolonialem Dekor*

Architekten schufen die Bauten, indianische Künstler schmückten sie aus. So lächeln einem Barockengel mit indianischen Gesichtszügen entgegen.

Nach der Unabhängigkeit Argentiniens begann man v. a. in Buenos Aires in einem eklektizistischen Stil zu bauen. Einwanderer aus Frankreich, Italien und England brachten ihre architektonischen Vorlieben mit.

Als wichtigstes Erbe hinterließen die Spanier die charakteristische Form ihrer Stadtplanung. Wie fast alles im kolonialen Spanien war durch die sog. Indiengesetze auch der Schachbrettgrundriss der Städte vorgeschrieben. Dieses funktionale Karomuster war allerdings keine Erfindung der Spanier, sondern antiker Baumeister.

Im Zentrum einer regelmäßig in Häuserblocks unterteilten Stadt liegt ein unbebauter Block, die Plaza. Sie ist von den wichtigsten öffentlichen Einrichtungen umgeben: der Kathedrale, dem *cabildo* (Rathaus) und den

Regierungspalästen. Natürlich lebten hier auch die einflussreichen Familien.

Von der Plaza gehen Straßenzüge aus, die einander senkrecht kreuzen und alle 100 bis 150 m (in Argentinien regelmäßig alle 100 Hausnummern) auf Querstraßen treffen. Alle Städte Argentiniens, nicht nur jene aus der Kolonialzeit, folgen diesem Grundriss, mitunter wirken sie deshalb ein wenig langweilig.

## Malerei

Von einer argentinischen Malerei kann man erst ab 1850 sprechen. Zwei der besten Maler dieser Zeit waren Eduardo Sívori (1847–1918) und Ernesto de la Cárcova (1866–1927), dessen Bild mit dem sozialkritischen Titel »Sin Pan y Sin Trabajo« (»Ohne Brot und ohne Arbeit«) zu den bekanntesten des Landes gehört. Sozialen Themen wandten sich in den 1920er und 1930er-Jahren Lino Eneas Spilimbergo (1896–1964) und Benito Quinquela Martín (1890 bis 1977) zu. Dieser wohl populärste Maler des Landes lebte in La Boca, dem Hafenviertel der Stadt, und malte dort das Leben der einfachen Leute. Er war es auch, der sie anregte, ihre Häuser bunt anzustreichen (s. S. 44). Viele seiner Werke kann man im Museo de Bellas Artes (s. S. 45) besichtigen.

Nach dem Zweiten Weltkrieg machten einige moderne Künstler von sich reden: Julio le Parc, der 1966 auf der Biennale in Venedig den Preis für Malerei erhielt, der Surrealist Alejandro Xul Solar, der abstrakte Maler Vicente Forté und der Neosurrealist Roberto Aizemberg.

Der berühmteste Zeichner des Landes, Joaquín Lavado (geb. 1932), ist unter seinem Pseudonym Quino berühmt. Anfang der 1960er Jahre schuf er die heute international bekannte Cartoonfigur »Mafalda«, ein kleines Mädchen, das für den Weltfrieden, Gerechtigkeit, Demokratie und die Frauenbewegung eintritt.

### Veranstaltungen

▪ **Januar:** Viele **Veranstaltungen, Konzerte, Filmpremieren und Shows** mit bekannten internationalen und nationalen Größen in Mar del Plata. **Folklorefestival** in Cosquin (Provinz Córdoba), das größte in Lateinamerika.
▪ **Februar/März:** Mehrtägiger **Karneval** mit Tanz, Umzügen und reichlich Alkohol im nordwestlichen Hochland. Eine interessante Mischung aus schwermütiger und ausgelassener Atmosphäre.
▪ **März:** Großes städtisches **Kulturspektakel** in Córdoba. Auf der zentralen Plaza wechseln allabendlich Theater- und Filmprogramme. **Filmfestival** in Mar del Plata mit internationalen Stars und Sternchen. Dreitägiges **Weinlesefest** in Mendoza mit großem Abschlussfestival im dortigen Stadion.
▪ **Juli: Fest der Alpenmilchschokolade** in Villa General Belgrano (Provinz Córdoba) mit alpenländischer Folklore.
▪ **Oktober: Oktoberfest** in Villa General Belgrano (Provinz Córdoba), das zweitgrößte des Kontinents nach dem in Blumenau (Brasilien).
▪ **November: Gauchofestival** in San Antonio de Areco (Provinz Buenos Aires).

## Theater, Musik, Film

Der erste wichtige Dramatiker im Land war der gebürtige Uruguayer Florencio Sánchez (1875–1910) mit »Mi Hijo el Doctor« (»Mein Sohn, der Herr Doktor«). Zu den populärsten Theaterautoren im 20. Jh. zählen Germán Rozenmacher (1936–1971) und Roberto Arlt (1900–1942), der teils in *Lunfardo* schreibt (s. S. 20).

Im Kontrast zum weltweit erfolgreichen Tango steht die nicht minder hörenswerte Folk-Musik des argentinischen Nordwestens. Ihr wichtigster Vertreter und bis heute Idol der Szene ist Atahualpa Yupanqui (1908–1992), Sänger, Songwriter und Gitarrist. Wie Yupanqui ist auch Mercedes Sosa (»La Negra«, geb. 1935) eine Symbolfigur des linksalternativen Publikums. Der erfolgreichste Rockmusiker des Landes ist Charly García (geb. 1951), der mit seinen Fans mühelos Stadien füllt. Die klassische Cellistin Sol Gambetta (geb. 1981) erhielt 2007 den »Echo«-Preis als beste Instrumentalistin. Als Solistin tourt sie mit den prominentesten Orchestern der Welt.

Ein bekannter Filmregisseur ist Fernando E. Solanas, dessen Filme Sur (»Süden«) und El Viaje (»Die Reise«) in den deutschsprachigen Ländern einen Verleih fanden. Er begründete in den 1960er-Jahren mit Octavio Getino die Politfilmbewegung »Kino der Befreiung« und musste nach dem Militärputsch von 1976 das Land verlassen. Ein kleines Comeback feierte Solanas 2004 mit dem Dokumentarfilm »Chronik einer Plünderung«, der Ursachen und Urheber der Korruption in Argentinien anprangert.

Das alltägliche Überleben in Zeiten der Wirtschaftskrise ist ein bevorzugtes Thema heutiger Regisseure: Juan José Campanella landete mit »Der Sohn der Braut« (2002) auch in Europa einen Achtungserfolg; Gabriela David gibt sich in »Taxi – Eine Nacht in Buenos Aires« (2001) typisch argentinischer Schwermut hin. Ebenfalls depressiv wird der Hauptdarsteller der Psycho-Burleske »Nicht du bist es, ich bin's« (2005) von Juan Taratuto, als ihn seine Freundin verlässt, mit der er eigentlich in die USA auswandern wollte. Ein viel versprechender Newcomer ist Sebastián Faena, dessen »Mujer Rota« (2007) die Geschichte einer obsessiven Liebe erzählt.

## Literatur

Die argentinische Literatur entwickelte sich lange im Spannungsfeld von europäischen Traditionen und kreolischer *(criollo)* Kultur. Typische Vertreter sind zwei Autoren des 19. Jhs., Domingo F. Sarmiento (1811–1888) und José Hernández (1834–1886). Sarmiento hebt den Gegensatz zwischen der verfeinerten Lebensweise in der Stadt und dem wilden Landleben hervor, das von Faustrecht und Willkür bestimmt wird. Hernández beschreibt in einer volksnahen Sprache das Gaucholeben romantisierend und wendet sich sozialkritisch gegen die Verachtung der Gauchos durch die Stadtbevölkerung.

Im 20. Jh. entwickelten sich in Buenos Aires verschiedene literarische Strömungen. In den 1920er-Jahren fand zunächst der *Ultraísmo* zahlreiche Anhänger. Er wollte mit einer metaphernreichen, modernen Sprache die Lyrik erneuern. Ihm stand damals Jorge Luis Borges nahe. Der Grupo de Boedo vertrat sozialkritische Inhalte und benannte sich deshalb nach einer Straße in einem Arbeiterviertel.

Victoria Ocampo (1890–1974; s. S. 50) gab die Zeitschrift »Sur« heraus, die von 1931 bis 1980 erschien und eines der wichtigsten Foren der Schriftsteller war. Hier veröffentlichten Adolfo Bioy Casares, der mit Borges zusammen eine Reihe von Erzählungen schrieb, und Osvaldo Soriano.

Die international bekanntesten Autoren des 20. Jhs. sind Jorge Luis Borges, Julio Cortázar, Ernesto Sábato und Manuel Puig. Gemeinsam ist ihnen die eindeutig ablehnende Haltung gegenüber der Militärdiktatur. Jorge Luis Borges (1899–1986) wurde als Lyriker, Erzähler und Essayist glei-

*Gaucho aus der Pampa*

## Mythos Gaucho

Einsam, mutig, wortkarg und stolz, den schwarzen, breitkrempigen Hut tief ins Gesicht gezogen, mit seinem Pferd geradezu verwachsen, entspricht José fast allen Gaucho-Klischees. Doch zuvor sah er eher aus wie ein Bauer: Da stampfte er mit lehmverschmierten Stiefeln über die aufgeweichte Weide, weil sich das blöde Rind nicht ins Gatter treiben lassen wollte.

Richtige Gauchos gibt es in Argentinien heute nicht mehr. Jedenfalls nicht mehr so, wie sie Karl May im Roman »Am Río de la Plata« beschrieb: »Der Gaucho hat in seinem Charakter die wilde Entschlossenheit und den unabhängigen Sinn der Ureinwohner und zeigt dabei den Anstand, den Stolz, die edle Freimütigkeit und das vornehme, gewandte Betragen des spanischen Caballero. Seine Neigungen ziehen ihn zum Nomadenleben und zu abenteuerlichen Fahrten. Ein Feind jeden Zwanges, ein Verächter des Eigentumes, welches er als eine unnütze Last betrachtet, ist er ein Freund glänzender Kleinigkeiten, welche er sich mit großem Eifer verschafft, aber auch ohne Bedauern wieder verliert.«

Das Ende der Gauchos bahnte sich paradoxerweise mit dem Beginn der Viehzucht an, denn ursprünglich waren die Gauchos Nachfahren von Spaniern und Ureinwohnern, die als Nomaden über die Pampa zogen und von verwilderten Rindern lebten. Doch als man die Viehwirtschaft im großen Stil organisierte und die Estancieros ihre Besitzungen mit Weidezäunen einzugrenzen begannen, wurden aus frei umherziehenden Gauchos schlecht bezahlte Arbeiter, Spezialisten im Viehtreiben oder im Zureiten der Pferde.

Gaucho ist kein Beruf, den man erlernen könnte. Man wächst hinein. Selbst die moderne Variante des Gaucho, wie sie José vertritt, der sich sogar aufs Autofahren versteht, beruht in erster Linie auf Begabung. Denn die stolze Haltung des Gaucho und seine Ausstrahlung sind angeboren.

chermaßen berühmt. Er verarbeitet die argentinische Geschichte ebenso wie die antike Mythologie, die europäische Literatur, die klassische Philosophie und alte Heldensagen.

Die schönste Würdigung Julio Cortázars (1914–1984) stammt von dem chilenischen Dichter Pablo Neruda, der über Cortázars Erzählungen schrieb: »Sie nicht zu lesen, ist eine schwere, schleichende Krankheit, die mit der Zeit schreckliche Folgen haben kann. Ähnlich wie jemand, der nie einen Pfirsich gekostet hat. Er würde langsam melancholisch werden und immer blasser, und vielleicht würden ihm nach und nach die Haare ausfallen.«

Neben Erzählungen schrieb Cortázar zwei Romane, »Los Premios« (»Die Gewinner«; 1960, dt. 1966), eine vielschichtige Satire auf die argentinische Gesellschaft, und »Rayuela« (1963, dt. 1981), eine Geschichte über Sprache und Erkenntnis. Cortázar trat nach 1976 als scharfer Regimekritiker hervor und lebte lange im Exil.

Ernesto Sábato (geb. 1911) ist als Herausgeber der Dokumentation »Nunca más« (»Nie wieder«; 1986, dt. 1987) über die Menschenrechtsverletzungen während der Militärdiktatur bekannt geworden. Aber mit »El Túnel« (»Maria oder die Geschichte eines Verbrechens«; 1948, dt. 1976), »Sobre Héroes y Tumbas« (»Über Helden und Gräber«; 1961, dt. 1967) und »Abbadón« (1974, dt. 1974) verfasste er auch drei erfolgreiche Romane.

Manuel Puig (1932–1990) wurde durch die Verfilmung seines Romans »El Beso de la Mujer Araña« (»Der Kuss der Spinnenfrau«; 1976, dt. 1979) mit William Hurt berühmt. Wie fast alle Romane Puigs kommt auch dieser ohne Erzähler aus. Die gesamte Handlung wird im Gespräch oder Monolog entwickelt oder in Zitaten, die den Text ergänzen.

# Essen und Trinken

Für sein Rindfleisch ist Argentinien weltberühmt. Und dieses Rindfleisch wird nicht nur exportiert, sondern auch in großen Mengen im Land verzehrt.

## Hauptsache Fleisch

Das Fleischfest schlechthin, der *asado*, ist mit »Grillabend« nur unzureichend übersetzt. Ein **Asado** besteht aus einer festgelegten Speisenfolge: Zunächst gibt es Würste und Innereien wie *chorizos* (gewürzte Bratwürste), *morcilla* (Blutwurst), *mollejas* (Bries), *chinchulines* (Därme vom Milchkalb) oder *riñones* (Nieren); es folgen verschiedene Stücke wie *asado de tira* (Rippchen), *pulpa* (Rindfleisch ohne Knochen), *lomo* (Filetsteak) und *bife de chorizo* (Rumpsteak). Als Beilagen reicht der Gastgeber Salat und Brot.

Gegrillt wird nicht etwa auf Holzkohle, sondern über der Glut eines offenen Feuers. Und: Das Grillen ist natürlich Männersache!

*Hamburguesas* (Hamburger) oder *milanesas* gibt es überall. Letztere gleichen einem panierten Schnitzel aus Rindfleisch oder Geflügel. Der *puchero* enthält neben verschiedenen Fleischsorten auch Gemüse wie Kartoffeln, Möhren, Kürbis und Mais, die im Topf zusammen gekocht werden.

## Europäische Einflüsse

Für Vegetarier ist Argentinien ein hartes Pflaster: Sie können sich glücklich schätzen, dass beispielsweise die italienischen Einwanderer ihre Nationalgerichte *pizza* und *pasta* mitbrachten. Nicht nur selbstbewusste Argentinier

## Essen und Trinken

behaupten, dass es am Río de la Plata die besten Teigwaren der Welt gibt. Natürlich werden auch sie oft mit Fleisch serviert.

Ebenso wie die Teigwaren stammen die süßen Nachspeisen vielfach aus der italienischen Küche. Jeder kennt *dulce de leche,* eine süße Karamellcreme. Man isst sie auch als Füllung süßer Teilchen *(facturas).* Aus Spanien kommt das beliebte Dessert *queso con dulce,* eine dicke Scheibe Schnittkäse, auf der eine ebenso dicke Scheibe Quitten- oder Kürbisgelee liegt.

*Das Paradies für Fleischesser: ein »asado«*

## Regionale Küche

Regionale Spezialitäten findet man vor allem in den nordwestlichen Provinzen des Landes. Salta kann mit den besten *empanadas* aufwarten, kleinen Teigtaschen, gefüllt mit Fleisch, Huhn, Mais oder Tunfisch. Dem Eintopf *locro* – aus Mais, Rindfleisch, Kartoffeln, Kürbis und Süßkartoffeln – gibt eine Soße die Schärfe. In den Provinzen zwischen Río Uruguay und Río Paraná schätzt man Süßwasserfisch (besonders *dorado*), und auf Feuerland schmecken besonders die Meeresfrüchte.

### Mate – mehr als ein Tee

*Hierba mate* oder *yerba* (lat. *Ilex paraguariensis*) heißt die Pflanze, aus der die Argentinier ihr Lebenselixier gewinnen. Yerba (span. »Kraut«) ist nicht wörtlich zu nehmen, denn das Stechpalmengewächs, eine Mischung aus Busch und Baum, wird bis zu 10 m hoch. Trotzdem nannten die ersten Spanier das Getränk der Ureinwohner in den nördlichen La-Plata-Staaten *yerba mate,* Matekraut.

Bei der Herstellung von Matepulver werden Blättchen und Triebe der Pflanze über Feuer getrocknet und zerrieben. Mate ist gesund: Er wirkt abführend, wegen seines Koffeingehaltes leicht stimulierend, er enthält viel Vitamin C und stillt den Hunger. Zubereitung und Genuss von Mate erinnern an eine kultische Handlung: Das grüne Pulver wird in einer oftmals schön verzierten Kalebasse aufgebrüht, dann saugt man das Getränk mit einem silbernen Röhrchen, der *bombilla,* heraus. Dieser Vorgang wird so oft wiederholt, bis der Sud keinen Geschmack mehr hat. Wird Mate in Gesellschaft getrunken, geht die Kalebasse reihum. Wer nichts mehr will, winkt dankend ab.

Einen Teil seines Namens verdankt *yerba mate* dem Gefäß, in dem das Getränk zubereitet wird. Die Kalebasse besteht nämlich aus einem Flaschenkürbis, den die Quechua-Indianer *mati* nennen.

## Getränke

Als alkoholfreie Getränke sind neben Wasser die internationalen Softdrinks beliebt. Eltern bestellen ihren Kleinen ganz selbstverständlich Coca-Cola. Wollen sich die Erwachsenen etwas gönnen, bestellen sie ein Bier – die beste Marke heißt »Quilmes« – oder einen der hervorragenden Weine des Landes.

Argentinien setzt nicht nur auf Masse, sondern auch auf Qualität: Sehr gute Rot- und Weißweine kommen aus den Provinzen Mendoza und San Juan, aber auch aus La Rioja und Salta. Die meisten Weine schmecken vollmundig und trocken.

Vor allem in Buenos Aires wird »italienischer« Espresso oder *café con leche* zu fast jeder Tages- und Nachtzeit getrunken. Mitunter sieht man Argentinier stundenlang vor einem kleinen Schwarzen sitzen. Man unterscheidet schwarzen *café* von dem mit ein wenig Milch gestreckten *cortado* und dem *café con leche,* der zur Hälfte aus aufgeschäumter Milch besteht.

### Kulinarischer Tagesplan

Das Mittagessen wird zwischen 13 und 15 Uhr eingenommen. Je nach Zeit serviert man zum warmen Hauptgericht Vorspeise und Nachtisch. Zur Tee- oder Kaffeestunde am Nachmittag reichen die Argentinier oft *masas* (Gebäckteilchen) statt Kuchen. Um 19 Uhr folgt die *picada,* ein kleiner Happen mit Käse, Wurst, Gemüse und Erdnüssen, begleitet von einem Bier. Das Abendessen, die zweite warme und meist sehr umfangreiche Mahlzeit, wird nicht vor 21 Uhr aufgetischt.

# Urlaub aktiv

## Trekking

Liebhaber ausgedehnter Gebirgstouren kommen in Argentinien voll und ganz auf ihre Kosten. In den Nationalparks der Anden finden sich ausgezeichnete Möglichkeiten zum Wandern, sei es rund um das bizarre Fitz-Roy-Massiv im Nationalpark Los Glaciares oder in der wunderbaren Berg- und Seenlandschaft im Nationalpark Nahuel Huapi.

Man benötigt eine sehr gute Ausrüstung, denn in den meisten Parks müssen sich die Wanderer selbst versorgen, und auf das Kartenmaterial kann man sich nicht immer verlassen. Erhältlich ist es in den Büros der Nationalparks; die besten Karten gibt es von den oben erwähnten Parks.

**i** Geführte Touren bieten verschiedene Spezialveranstalter für Studien- und Trekkingreisen in Deutschland an.

## Bergsteigen

Bergsteiger aus aller Welt fühlen sich von dem 6959 m hohen Aconcagua magisch angezogen. Auch hier gilt: Die Ausrüstung ist extrem wichtig. Saison für die Besteigung des Aconcagua ist Mitte Nov. bis Mitte März. In dieser Zeit versuchen jedes Jahr etwa 2000 Bergsteiger ihr Glück. Als erfahrener und zuverlässiger Führer gilt Fernando Grajales Jr., den man über die Hostería Puente del Inca oder über seine Webseite www.grajales.net erreichen kann.

Bevor man den Gipfel erstürmt, muss man die Erlaubnis der Nationalparkbehörde einholen.

Urlaub aktiv

*Im Eis zu Füßen des Aconcagua*

*Argentinischer Volkssport Polo*

**i** **Dirección de Recursos Naturales Renovables,** Parque San Martín, Mendoza, Tel. (02 61) 4 25 20 90, www.recursosnaturales.mendoza.gov.ar. Dort gibt es auch weitere Informationen.

## Reiten

Pferdenarren können ihrem Hobby an vielen Orten nachgehen. Wer einen Aufenthalt auf einer Estancia (s. S. 6/7 und 36) plant, sollte mit diesem umweltfreundlichen Verkehrsmittel vertraut sein, denn lange Ausritte sind dort Usus. Man hat aber auch anderswo Reitmöglichkeiten, manche lokalen Reiseveranstalter bieten mehrtägige Touren mit Pferden an.

**i** Zentren für Reitaktivitäten sind **San Carlos de Bariloche** am Rande des Nationalparks Nahuel Huapi (s. S. 86 f.) und **Salta** (s. S. 65 f.). Die Verkehrsämter der Orte können mit Adressen von Gütern (mit Übernachtungsmöglichkeit) weiterhelfen.

### Sport zum Zuschauen

Drei landestypische Sportarten sollten Sie sich nicht entgehen lassen, denn in jeder von ihnen haben es die Argentinier zu Weltklasse gebracht, und alle drei lösen bei den Zuschauern ungeahnte Emotionen aus.

Polo und Pato sind verwandt; während Reiter beim Polo versuchen den Ball mit einem Schläger ins Tor zu befördern, zielen sie beim Pato den Ball mit Griffen auf einen Korb. Mitunter finden Patovorführungen auf Estancias in der Nähe von Buenos Aires statt. Erkundigen Sie sich beim Fremdenverkehrsamt der Hauptstadt. Die besten Polospiele sind im November auf dem Poloplatz in Palermo (s. S. 44) zu sehen.

Für Fußballliebhaber gehört ein Besuch des legendären Stadions der »Boca Juniors« in Buenos Aires zum Pflichtprogramm. Denn der Klub, in dem Diego Armando Maradona seine Weltkarriere begann, zählt zu den besten des Landes, und das Spiel gegen den Lokalrivalen »River Plate« ist das wichtigste der jeweiligen Saison.

⚡ Nehmen Sie im Stadion keinen Stehplatz, denn die Fans dort, die *barras bravas,* legen manchmal raue Sitten an den Tag.

# Unterkunft

Es gibt Unterkünfte aller Kategorien. Die staatlicherseits vergebenen Sterne versprechen manchmal mehr, als sie in der Realität halten können. Die Hotels sind im Süden teurer als im Norden. Größere Hotels müssen per Telefon oder Fax reserviert werden; Reiseagenturen in Buenos Aires helfen weiter. Engpässe können sich im Ferienmonat Januar in den Badeorten ergeben.

Ein gutes Preis-Leistungs-Verhältnis bieten die **Hotels des Automobilklubs ACA.** Wer dort übernachten will, muss Mitglied sein (Jahresbeitrag 25 US-$; Infos: Libertador S. Martín 1850, 1425 Buenos Aires, Tel. 48 08 40 40; www.aca.org.ar) oder einem Partnerverband angehören.

## Preiswerte Unterkünfte

Günstigere Unterkünfte heißen *residencial, hostería* oder auch *hotel*. Die billigsten liegen meist in der Nähe des Busbahnhofs und sind selten zu empfehlen. Die preiswerteste Alternative sind Apartments oder – auf dem Land – *cabañas,* Holzhütten mit Küche, Bad und ein oder zwei Schlafzimmern. Vor der Hütte steht der obligatorische Grill, ohne den sich kein Argentinier im Urlaub wohl fühlen würde.

## Estancias

Die Residenzen, die sich Viehbarone Anfang des 20. Jhs. bauten, sind heute mit die schönsten Unterkünfte auf dem Land. Ein Aufenthalt verspricht Luxus in der Einsamkeit – allerdings zu entsprechenden Preisen (s. S. 6/7).

*Das Hotel Llao Llao bei Bariloche*

Viele Estancias werden von Reisebüros in Buenos Aires vermarktet.

**Flyer,** Reconquista 616, 8° piso, 1003 Buenos Aires, Tel. (0 11) 43 13 82 24, Fax 43 12 13 30, www.flyer-de.de
■ **Tourismusbüro der Provinz Santa Cruz,** Suipacha 1120, Buenos Aires, Tel. (0 11) 43 25 30 98, info@santacruz.gov.ar. Vermittelt Aufenthalte auf Schaf-Estancias in Patagonien.

## Camping

Camping ist weit verbreitet. Der ACA (s. links) unterhält sehr gut ausgestattete Plätze; in den Nationalparks kann man oft nur in Zelten übernachten. Die Ausrüstung sollte für alle Witterungsverhältnisse tauglich sein.

## Jugendherbergen

In den recht spärlich vorhandenen Jugendherbergen *(albergues de la juventud)* gibt es Doppel- bis Achtbettzimmer. Mitglieder des Internationalen Jugendherbergsverbandes erhalten einen Preisnachlass.

# Reisewege und Verkehrsmittel

## Anreise

Der Internationale Flughafen von Buenos Aires, Ezeiza (Flughafeninfo: www.aa2000.com.ar), wird von fast allen großen Fluggesellschaften angeflogen; Direktflüge aus Deutschland gibt es mit Lufthansa (ab Frankfurt/M.). Preiswerte Linienflüge vermitteln in Deutschland Spezialanbieter wie Travel Overland (www.traveloverland.de) oder Follow Me (www.followme.de).

Bei **Ausreise** ist eine **Flughafengebühr** von 18 US-$ in bar zu bezahlen (nach Uruguay 10 US-$ und auf Inlandsflügen 7 US-$).

Für alle Airlines gilt: Rückflug unbedingt 72 Std. vorher rückbestätigen lassen.

Die **Frachtschiff-Reise** nach Argentinien dauert vier Wochen und kostet ab Hamburg zwischen 1600 und 2500 €.

**Hamburg-Süd-Reiseagentur,** Willy-Brandt-Str. 59–61, 20457 Hamburg, Tel. (0 40) 37 05 24 91, www.hamburgsued-frachtschiffreisen.de

## Unterwegs in Argentinien

### Flugzeug

Wegen der Entfernungen ist das Flugzeug ein Hauptverkehrsmittel. Das dichteste Streckennetz bietet Aerolíneas Argentinas zusammen mit Austral. Das Rundflugticket **Visite Argentina** kann man nur im Ausland und nur in Verbindung mit einem internationalen Anreiseticket kaufen. Die Strecke Buenos Aires – Mar del Plata kostet 83 US-$, nach Corrientes 123 US-$, nach Trelew 141 US-$, nach Ushuaia 185 US-$ und nach Iguazú 139 US-$.

Im Reisebüro oder bei **Aerolíneas Argentinas,** Tel. (0 69) 29 99 26 78 oder (08 00) 18 44 747, www.aerolineas.com.ar

### Bus und Bahn

Das wichtigste Verkehrsmittel ist der Bus. Die **Überlandbusse** sind meist gut ausgestattet. Man sollte eine Jacke mitnehmen, da die Klimaanlagen oft zu kühl eingestellt sind. Kann man wählen, empfiehlt sich der teurere (und meist leerere) Bus. **Stadtbusse** heißen *colectivos*. Die **Eisenbahn** ist bis auf wenige Strecken eingestellt.

### Mietwagen und Taxi

Mietwagen sollte man mit Vollkaskoversicherung und ohne Kilometerbeschränkung buchen. Überprüfen Sie das Auto vor Fahrtantritt und lassen Sie Schäden aufnehmen.

In Argentinien gelten zwar dieselben Verkehrsregeln wie in Europa, doch werden sie weniger beachtet. Eine rote Ampel betrachten viele Fahrer lediglich als Vorschlag anzuhalten.

Bei Überlandfahrten ist ein voller Ersatzkanister Pflicht. Von Nachttouren sollte man absehen, da viele Fahrzeuge ohne Beleuchtung unterwegs sind. Auf Schotterpisten fährt man dicht am Gegenverkehr, damit die hochgeschleuderten Steine nicht die Windschutzscheibe zertrümmern.

Die gelben **Taxis** haben ein Schild auf dem Dach und sind normalerweise mit Taxametern ausgestattet. Auf bestimmten Strecken, etwa vom Flughafen Ezeiza ins Zentrum von Buenos Aires, handelt man den Preis (hier 35 bis 38 US-$) vorher aus.

# ***Buenos Aires

## Zwischen Hektik und Melancholie

**A**uf der zehnspurigen Avenida 9 de Julio staut sich der Verkehr. Taxis drängeln sich hupend aus den Seitenstraßen in das Chaos, zwischendrin versuchen Fußgänger, die fußballplatzbreite Straße zu überqueren. Ein Nachmittag in Buenos Aires. Dunkelbraune Holztische, sanfte Tangoklänge, große Kaffeetassen, Zigarettenqualm, am Tresen ein müder Kellner im weißen Jackett. Am Nebentisch beugt sich jemand über ein dickes Buch, in der Ecke spielen zwei Männer Schach, ohne sich von der erregten Diskussion ihrer Nachbarn ablenken zu lassen. Am Nachmittag in Buenos Aires.

Die argentinische Hauptstadt lässt sich in keine Schublade pressen: Sie ist laut und schmutzig, hat aber auch stille, verschwiegene Ecken. Jungdynamische, handybewehrte Geschäftsleute bekommen plötzlich einen melancholischen Blick, wenn aus einem Musikgeschäft die Stimme Carlos Gardels dringt, und an den Kiosken liegen in friedlicher Eintracht Videos über die Weltkarriere von Diego Armando Maradona neben sozialwissenschaftlichen Studien.

## Schwierige Anfänge

»Meiner Meinung nach ist es ein Märchen, dass Buenos Aires gegründet wurde. Diese Stadt scheint schon seit ewigen Zeiten zu existieren, so wie Wasser und Luft«, schrieb der Dichter Jorge Luis Borges (s. S. 31) über seine Heimatstadt. Aber gleichzeitig spottete er über die Gründer: »Sie bauten ein paar wacklige Ranches an der Küste und schliefen von Heimweh geplagt ein.«

Buenos Aires, »günstige Winde«, nannten 1536 die ersten Siedler ihr Hüttendorf, das 1541 von Indianern zerstört wurde. 1580 erfolgte dann die zweite, diesmal erfolgreichere Stadtgründung. Später wurde Buenos Aires zum Zentrum des Unabhängigkeitskampfes gegen die Spanier. Am 25. Mai 1810 setzte eine Junta den spanischen Vizekönig ab, und 1861 wurde Buenos Aires, zunächst provisorisch, Hauptstadt der Republik. Rinderzucht und Schafwolle machten Argentinien wohlhabend und Buenos Aires zu einer der reichsten Städte des Kontinents.

Argentinien ist seit seiner Unabhängigkeit ein in starkem Maße zentralistisch regiertes Land, wobei Buenos Aires in kultureller, wirtschaftlicher und politischer Hinsicht den Mittelpunkt bildet. Mittlerweile ist nahezu jeder dritte Argentinier ein *Porteño*, wie sich, abgeleitet von *puerto* (span. »Hafen«), die Einwohner der Kapitale nennen.

## An der **Plaza de Mayo

Um die Plaza de Mayo, das historische Zentrum von Buenos Aires, standen und stehen die wichtigsten Gebäude.

Die **Casa Rosada** ❶ an der Ostseite verdankt ihren rosa Anstrich dem Präsidenten Domingo F. Sarmiento, der die Farben der verfeindeten Unitarier und Föderalisten (s. S. 26), Weiß und Rot, 1873 symbolisch mischen ließ, um so die Einheit der Nation zu

*Der Cabildo an der Plaza de Mayo war einst Rathaus*

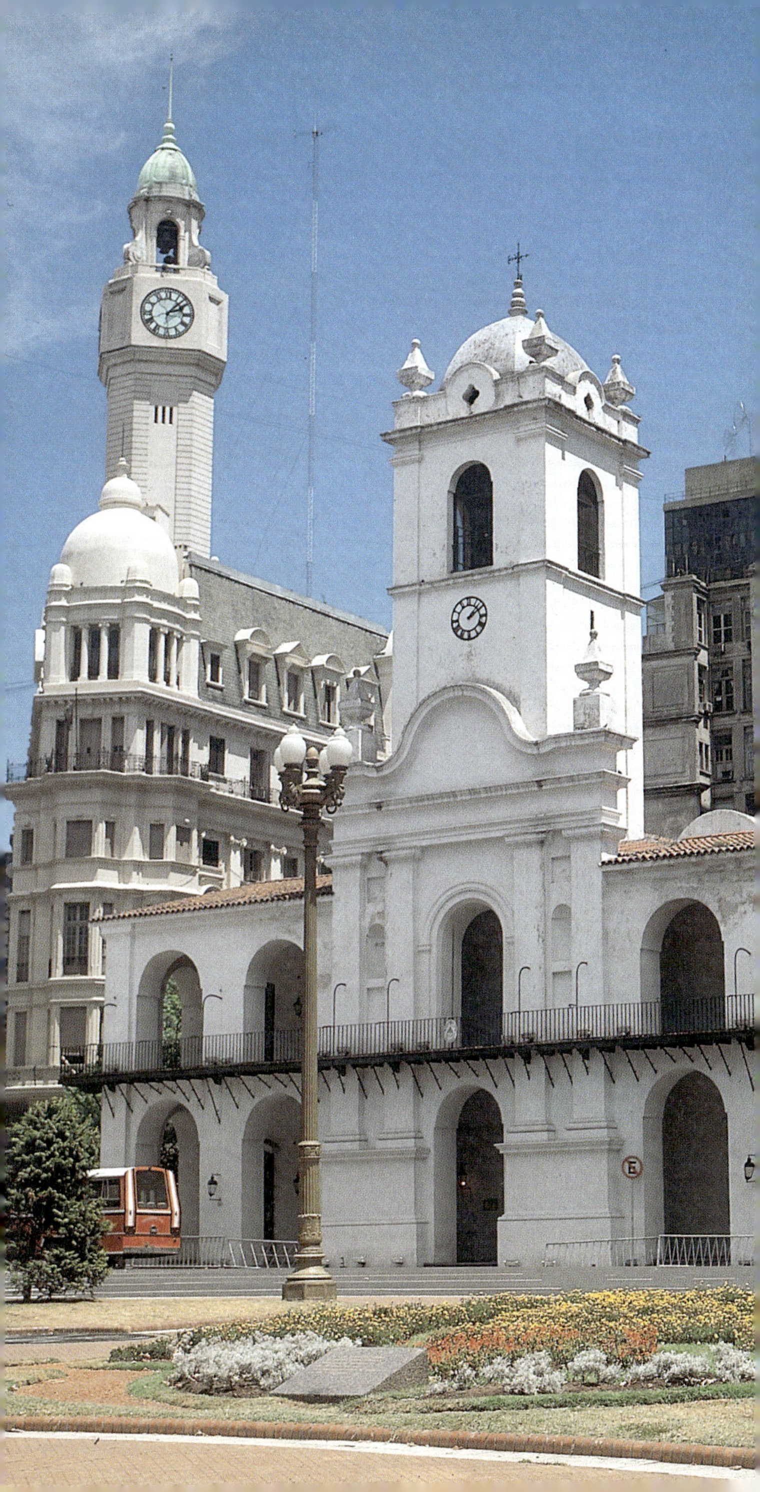

demonstrieren. Die Casa Rosada kann, abgesehen von dem kleinen **Museo de los Presidentes** (Eingang auf der rechten Seite des Gebäudes), nicht besichtigt werden.

Gegenüber der Casa Rosada steht der **Cabildo** ❷, das ehemalige Rathaus. In dem weiß getünchten Gebäude mit seiner zweistöckigen Arkadenfassade und dem Mittelturm ist heute das **Museo del Cabildo y la Revolución de Mayo** untergebracht. Es zeigt Möbel, Einrichtungsgegenstände, Waffen und Bilder aus der Kolonialzeit Argentiniens und Boliviens. Im Innenhof befindet sich ein kleines **Café**, wo ab und zu ein Kunsthandwerkermarkt abgehalten wird.

Neben dem Geldtempel des **Banco de la Nación** mit seiner Säulenvorhalle erhebt sich die Kathedrale der Stadt, die klassizistische **Catedral Metropolitana** ❸. Das Gotteshaus wurde Ende des 18. Jhs. nach Plänen der argentinischen Architekten Antonio Masella und Próspero Catelín vollendet. Im Innern fallen die zahlreichen Seitenaltäre auf. Die Kathedrale ist ein nationales Monument, schließlich birgt sie das Grabmal des Nationalhelden José de San Martín (s. S. 26).

Die Plaza de Mayo ist nicht nur ein hübscher Platz im Zentrum mit Blumenbeeten und einem Obelisken, der **Pirámide de Mayo,** die 1811 am ersten Jahrestag der politischen Unabhängigkeit aufgestellt wurde, sowie einem Denkmal für den Helden der Unabhängigkeitskriege General Manuel Belgrano. Der Platz erfüllt auch für politische Anliegen eine wichtige Funktion: Beispielsweise demonstrieren hier jeden Donnerstagnachmittag die *Madres de la Plaza de Mayo* (»Mütter der Plaza de Mayo«), die wichtigste Menschenrechtsgruppe des Landes, gegen die Verbrechen, die während der Militärdiktatur begangen wurden (s. S. 25).

## *Avenida de Mayo

An der Plaza de Mayo beginnt die Avenida de Mayo. Sie verbindet den Regierungspalast mit dem Kongressgebäude. Die Prachtstraße entstand ab 1880. Beim Bummel sollte man auf architektonische Feinheiten achten: hier ein Erker oder ein Türmchen, dort ein Marmortreppenhaus oder edle Glasfenster. Als Prachtbeispiele gelten das Haus der Zeitung **La Prensa** (Nr. 575, Ecke Florida) oder das **Edificio Barolo** (Nr. 1370, Ecke San José).

Eine kleine Ruhepause kann man in einem der bekanntesten Cafés der Stadt einlegen, im **Café Tortoni,** das bereits 1858 gegründet wurde und seit 1893 im Gebäude Avenida de Mayo 825 besteht (s. S. 9).

Die **Avenida 9 de Julio,** ein wahrer Fußgängeralptraum, kreuzt die Avenida de Mayo auf halber Strecke. Fünf Fahrspuren in jede Richtung, 125 m breit und damit weiter als ein Fußballplatz lang, durchschneiden das Stadtzentrum in Nord-Süd-Richtung.

Vor dem **Kongresspalast** im Stil der Neorenaissance (1906), dessen Washingtoner Vorbild unschwer erkennbar ist, erstreckt sich die **\*Plaza del Congreso** ❹. Am späten Nachmittag, wenn sich Jung und Alt am »Denkmal für die beiden Kongresse« (1813 in Buenos Aires, 1816 in San Miguel de Tucumán zur Vorbereitung der Unabhängigkeitserklärung), am Standbild für den patriotischen Publizisten Mariano Moreno (1778–1811) oder dem Abguss des »Denkers« von Auguste Rodin verabreden, verwandelt sich der Platz in einen munteren Treffpunkt.

Auf dem Platz steht ein Monolith: der »Nullpunkt« Argentiniens. Angeblich werden von ihm aus alle Entfernungen im Land gemessen.

***Buenos Aires

❶ Casa Rosada
❷ Cabildo
❸ Catedral Metropolitana
❹ Plaza del Congreso
❺ Centro Cultural San Martín
❻ Obelisk
❼ Teatro Colón
❽ Calle Lavalle
❾ Calle Florida
❿ Plaza San Martín
⓫ Plaza Alvear
⓬ Basílica de Nuestra Señora de Pilar
⓭ Cementerio de la Recoleta
⓮ Centro Cultural Recoleta
⓯ Museo Nacional de Bellas Artes
⓰ Plaza Dorrego

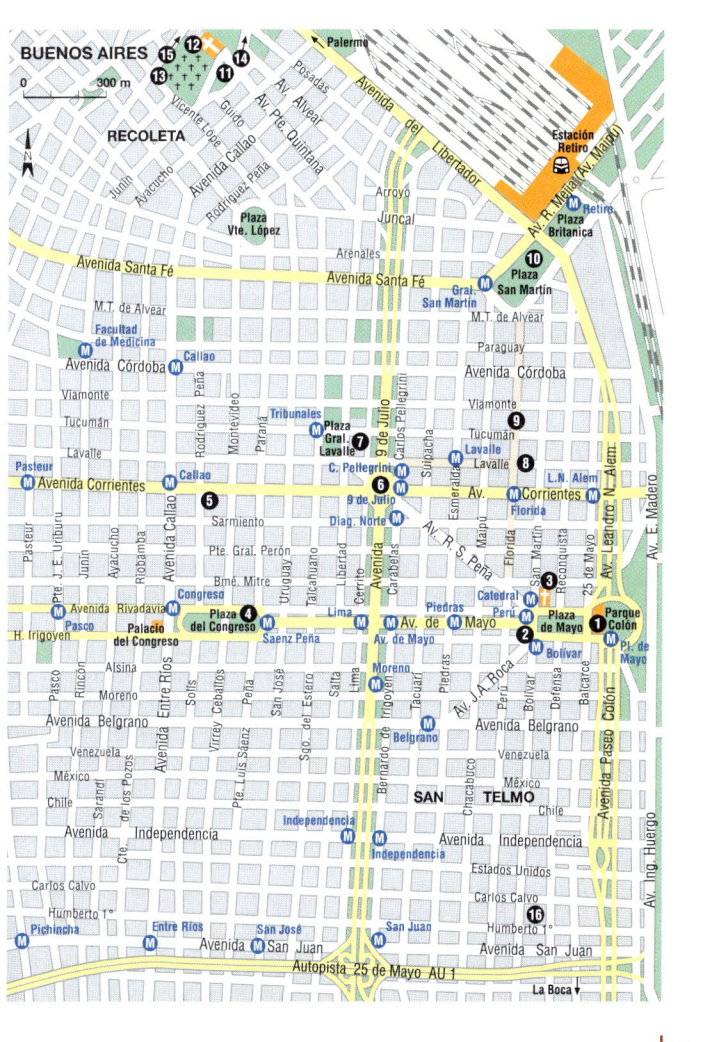

## Avenida Corrientes

Karte Seite 41

Folgt man der Avenida Callao Richtung Norden, erreicht man nach vier Blocks die Avenida Corrientes, den »Broadway« von Buenos Aires mit großen kommerziellen Bühnen, einigen Lichtspielhäusern, dem städtischen **Centro Cultural San Martín ❺** mit seinem wechselndem Programm aus Musik, Kunst und Tanz (www.ccgsm.gov.ar), zahlreichen Restaurants und beliebten Cafés. Einige Buchhandlungen kombinieren Buchgeschäft und Kaffeehaus geschickt, so z. B. »Clásica y Moderna« (s. S. 47).

Die **Avenida Corrientes** muss man nachts, am besten am Wochenende, erlebt haben. Um drei Uhr morgens ist sie von Nachtschwärmern überschwemmt.

An der Kreuzung der Corrientes mit der Avenida 9 de Julio erhebt sich der **Obelisk ❻** 67,5 m hoch in den Himmel. Er wurde am 25. Mai 1936 aufgestellt, als Erinnerung an den 400. Gründungstag der Hauptstadt.

## ❷ \*\*Teatro Colón ❼

Zwei Blocks nördlich steht an der Calle Lavalle (Haupteingang Calle Libertad, zwischen Tucumán und Viamonte) das wichtigste Theater Argentiniens. Es wurde in einem Stilmix aus italienischer Renaissance und französischem Empire erbaut und 1908 eröffnet. Heute zählt es zu den bedeutendsten Opernhäusern der Welt. Führungen (auf Englisch tgl. 11, 13, 15 Uhr, auf Spanisch 11–16 Uhr stündlich) sind sehr zu empfehlen. Man besichtigt dabei nicht nur den Zuschauerraum und die Logen, sondern kann auch einen Blick hinter die Kulissen werfen: auf die Bühnentechnik, die Schneiderei und die Requisite.

### Zur Orientierung

Buenos Aires wirkt riesig und unüberschaubar. Das gesamte Stadtgebiet zieht sich etwa 70 km am Ufer des Río de la Plata entlang und erstreckt sich 30 km landeinwärts. Doch keine Angst, der Kern ist recht übersichtlich. Er reicht von der Plaza San Martín etwa 1,5 km nach Süden, wobei die Fußgängerzone Calle Florida eine zentrale Nord-Süd-Achse bildet, die von der Plaza bis zur Avenida de Mayo führt. In der Ost-West-Ausdehnung, beispielsweise von der Plaza de Mayo bis zum Kongresspalast, misst das Zentrum ebenfalls etwa 1,5 km. Außerhalb dieser Zone liegen im Süden die Viertel La Boca und San Telmo sowie im Norden Recoleta und Palermo.

Die Straßen von Buenos Aires bilden ein regelmäßiges Gitternetz. Jeder Häuserblock umfasst genau 100 Hausnummern, ganz gleich, wie viele Gebäude dort wirklich stehen. Bei den Straßen in Ost-West-Richtung beginnt die Zählung an der Uferstraße, die Nummer 1000 findet man auf Höhe der Avenida 9 de Julio. Die Namen der Straßen in Nord-Süd-Richtung ändern sich an der Avenida Rivadavia (nördl. der Avenida de Mayo), die Häuser sind von dort aus nach Norden bzw. Süden durchnummeriert.

(Rest-)Karten direkt beim Theater, Mo–Sa 9–20.30, So 10–17 Uhr, Tel. 43 78 73 44, www.teatrocolon.org.ar

## Zur Plaza San Martín

Die **Calle Lavalle** ❽ ist östlich der Avenida 9 de Julio Fußgängerzone mit den meisten Kinos der Stadt. Nach wenigen Blocks gelangt man zu einem weiteren Fußgänger- und Einkaufsparadies, auf die **Calle Florida** ❾. Diese führt nach Norden zur **Plaza San Martín** ❿, einem Platz, auf dem wundervolle, weit ausladende Ombuebäume Schatten bieten. Seine angenehm ruhige Atmosphäre schätzen auch die Angestellten der nahen Büros.

## Recoleta

Mittelpunkt von Recoleta ist die **Plaza Alvear** ⓫, an die die Kirche und der Friedhof von Recoleta angrenzen.

Die **Basílica de Nuestra Señora de Pilar** ⓬ wurde bis 1732 unter dem Architekten Andrea Bianchi erbaut und gilt als schönste Kirche der Stadt. Ihre Fassade ist im eher schlichten Kolonialstil gehalten, während der barocke Hauptaltar das Innere dominiert.

Prächtig, mitunter sogar protzig, wirkt hingegen der Friedhof nebenan. Der **\*\*Cementerio de la Recoleta** ⓭ beweist, dass das Stadtviertel die Heimat vieler Reicher ist. Man kann alle möglichen Varianten bestaunen, an den Tod und die Verstorbenen zu erinnern: hausgroße Mausoleen aus Marmor, barocke Engelchen und bizarre Skulpturen. Eher schlicht ist das Grab von Evita Perón. Sie liegt unter schwarz glänzendem Marmor in der Gruft der Familie Duarte begraben.

An die Plaza Alvear grenzt das **Centro Cultural Recoleta** ⓮ oder *C. C.*

*Nächtliche Avenida Corrientes*

*Ciudad de Buenos Aires*. Das ehemalige Kloster beherbergt heute eine Ausstellungs- und Veranstaltungshalle.

Die meisten Besucher kommen ins Kulturzentrum Recoleta, weil hier das **Centro Comercial para el Arte y la Decoración** untergebracht ist, eine Ansammlung von sündhaft teuren Läden mit edelsten Designerstücken.

Kunst vom Mittelalter bis zur Neuzeit, darunter argentinische Malerei, und Ausstellungen international berühmter Künstler zeigt das **Museo Nacional de Bellas Artes** ⓯ in einem säulenverzierten Bau an der Av. del Libertador 1473 gegenüber dem Centro Cultural (Di–Fr 12.30–19.30, Sa, So, Fei 9.30 bis 19.30 Uhr; www.mnba.org.ar).

## Palermo

Entlang der Avenida del Libertador nach Nordwesten gelangt man nach Palermo, einem typischen Stadtteil der gehobenen Mittelschicht (auch per U-Bahn erreichbar: Linie D, Station Plaza Italia). Hier soll es pro Quadratkilometer die weltweit höchste Zahl an Personen geben, die sich im Laufe ihres Lebens einer Psychoana-

*Entdeckungstour im bunten Treiben des Flohmarkts von San Telmo*

lyse unterzogen haben. *Porteños* nennen Palermo daher auch »Villa Freud«.

Im **Parque 3 de Febrero** tummeln sich am Wochenende Familien beim Picknick, und im Zoo (Eingang Plaza Italia) bewundern kleine und große Argentinier Rosa, die angeblich kleinste Kuh der Welt, das Ergebnis einer genetischen Manipulation.

Pferdefreunde sollten einen Renntag im **Hipódromo Argentino** oder ein Spiel auf dem **Campo Argentino de Polo** miterleben.

## San Telmo

Im Zentrum von San Telmo liegt die **\*Plaza Dorrego** ⓯, ein Muss für jeden Besucher, besonders am Sonntagvormittag. Denn dann ist Flohmarkt, und fast jeder Tourist findet hier sein Mitbringsel: schön verzierte Matekalebassen, alte Sporen für den Pferdenarren, edles Geschirr, Silberbesteck und Kristallglas, ein Gaucholasso oder alte Tangoschallplatten. Ein echtes Schnäppchen kann man hier aber genauso wenig machen wie in den umliegenden Antiquitätengeschäften. Da ist es schon billiger, einem Tangosänger oder einem tanzenden Pärchen zuzusehen. Mit seinen engen Straßen, kleinen Plätzen und stimmungsvollen Hinterhöfen gilt San Telmo als eines der beliebtesten Wohnviertel nahe der Innenstadt. Nehmen Sie sich Zeit bei Ihrem Bummel.

Fünf Blocks südlich liegt der **Parque Lezama,** eine etwas heruntergekommene Grünanlage, wo einige Histori-

> ### Recoleta und Palermo
>
> Die beiden von der Mittel- und Oberschicht bewohnten Stadtteile liegen nordwestlich der Innenstadt. Von der Krise spürt man hier nicht viel: Die Geschäfte und Restaurants sind teuer, aber trotzdem gut besucht, und die Statussymbole – das Nobelhandy, ein kostspieliges Auto und exquisite Mode – dieselben wie in Europa oder Nordamerika. Beide Stadtteile entstanden erst gegen Ende des 19. Jhs. Damals brach in San Telmo, einem Bezirk südlich der Innenstadt, eine Gelbfieberepidemie aus, und wer es sich leisten konnte, zog nach Norden.

***Buenos Aires

ker den Ort der Stadtgründung vermuten. 1936 wurde dort ein Denkmal für Pedro de Mendoza aufgestellt.

**Restaurante 1880,** Defensa 1665, Tel. 43 07 27 46. Sehr gute Pasta, Fleisch und »Puchero«-Eintopf, direkt am Parque Lezama. ○○

## La Boca

Der Lezama-Park trennt San Telmo von La Boca. In dem alten Hafenviertel begann die Weltkarriere von Diego Armando Maradona, der bei den »Boca Juniors« spielte. Ihr Stadion, die **Bonbonera** (»Pralinenschachtel«) mit Schwindel erregend steilen Tribünen, kann man besichtigen.

Besucher zieht es vor allem in die Straße **\*\*El Caminito.** Der einst im Viertel ansässige Maler Benito Quinquela Martín (s. S. 29) überredete die Anwohner, ihre Häuser, die – so wird erzählt – aus dem Blech abgewrackter Schiffe bestehen, mit buntem Schiffslack zu überziehen. Heute ist El Caminito ein Touristentreff ersten Ranges, der seinen Charme aber keineswegs verloren hat. Das **Museo de Bellas Artes de La Boca** gegenüber der alten Stahlbrücke, wo halb verrostete Boote im Río Riachuelo dümpeln, zeigt die Werke Benito Quinquela Martíns (Av. Pedro de Mendoza 1835/43, Di–Fr 10–18, Sa, So 11–18 Uhr).

In der **Calle Necochea** reihen sich meist schlichte italienische Speiselokale aneinander, die v. a. von Großfamilien besucht werden.

## Infos

**Dirección Nacional de Turismo,** Santa Fé 883, Tel. (0 11)

*El Caminito, schönste Straße in La Boca*

43 12 22 32 oder (08 00) 55 50 01 6; Mo–Fr 9–12.30, 13.30–17 Uhr; Informationen über ganz Argentinien. www.turismo.gov.ar

▍ **Subsecretaría de Turismo,** Carlos Pellegrini 217, Tel. 43 22 59 89 oder kostenlos und mehrsprachig (08 00) 9 99 28 38. Informationen über die Stadt.

▍ Weitere **Informationsstände** in der Calle Florida sowie an den beiden Flughäfen und im Busbahnhof Retiro.

▍ **www.bue.gov.ar** Großes Infoportal.

**Flughäfen:** Südwestlich der Stadt liegt der **Aeropuerto Internacional Ezeiza** und nördlich des Zentrums der nationale **Aeroparque Jorge Newberry.** Zum Aeroparque kann man mit einem Taxi oder einem *colectivo* (Stadtbus) gelangen. Die Taxifahrt nach Ezeiza kostet ca. 40 US-$; billiger ist der Bus von Manuel Tienda Leon S. A. (Tel. 43 15 51 15; 15 US-$), halbstündlich ab Av. Santa Fé 790.

**Fluglinien: Aerolíneas Argentinas** und **Austral Líneas Aéreas,** Cabildo 2900, Tel. (08 10) 22 28 65 27 (landesweit); **Lufthansa,** M. T. Alvear 636, Tel. 43 19 06 00.

**Busbahnhof:** Überlandbusse fahren vom zentralen Busbahnhof **Retiro** nördlich der Plaza San Martín ab.

### ***Buenos Aires

**Fährverbindungen:** Große Linienschiffe verbinden Buenos Aires mit uruguayischen Häfen, entweder mit Colonia oder direkt mit Montevideo. Den besten Service bieten: **Alíscafos,** Av. Córdoba 787, Tel. 43 16 65 00; **Buquebus,** Antárdida Argentina 821, Puerto Madero (Dársena Norte), Tel. 43 16 64 00, www.buquebus.com
**U-Bahn:** Die sechs Linien der »Subte« erschließen das Zentrum sicher und günstig (tgl. 5–22.30 Uhr). Info und Streckennetz unter www.subte.com.ar.
**Hauptpost:** Ecke Sarmiento/L. N. Alem; Mo–Fr 8–20 Uhr.
**Telefon:** Ein privat betriebenes »Centro de Llamadas« (Telefonzentrale) findet sich nahezu in jeder Straße.

Diebstähle und Überfälle auf Touristen sind leider nicht selten. Im Notfall rufen Sie Tel. 43 46 57 48 oder kostenlos (08 00) 9 99 50 00 an (spanisch/englisch).

**Stadtführungen: Cicerones de Buenos Aires,** Tel./Fax (0 11) 43 30 08 00, www.cicerones.org.ar. Verein, der Privatpersonen für Stadtrundgänge, Veranstaltungen oder Themen-Ausflüge in und um Buenos Aires vermittelt. Reservierung (englisch) im Internet.

Luxushotels sind in Buenos Aires durchaus bezahlbar. Ab ca. 100–200 US-$ logiert man nobel und zentral. Gute Mittelklassehotels sind ab ca. 50 US-$ (DZ) zu haben.
▪ **Claridge,** Tucumán 535, Tel. (0 11) 43 14 77 00, www.claridge-hotel.com.ar. Traditionshaus im englischen Stil. Exklusiv, exzellenter Service. ○○○
▪ **Sheraton Libertador,** Av. Córdoba 690, Ecke Florida, Tel. 43 21 00 00, www.starwoodhotels.com. Nobles Großhotel mit allem Komfort im Herzen der Stadt. ○○○
▪ **Waldorf,** Paraguay 450, Ecke San Martín, Tel. 43 12 20 71, www.waldorf-hotel.com.ar. 120 kleine Zimmer, freundlicher Service. ○○
▪ **Kings Hotel,** Corrientes 623, Tel. 43 22 81 61, www.kingshotel.com.ar. 50 klimatisierte, sehr saubere Zimmer; relativ einfach; Frühstück im Zimmerpreis einbegriffen. ○○
▪ **Regis,** Lavalle 813, Ecke Suipacha, Tel. 43 27 26 05, www.orho-hoteles.com.ar. Klein und teilweise recht laut; ruhigere Zimmer nach hinten; relativ einfaches Haus, aber ordentlich. ○○
▪ **Marbella,** Av. de Mayo 1261, Ecke Talcahuana, Tel. 43 83 85 66, www.hotelmarbella.com.ar. Altbau, schlichte Zimmer; sehr gutes Preis-Leistungs-Verhältnis. ○–○○
▪ **Uruguay,** Tacuari 83, Tel. 43 34 34 56. Pension im Viertel Montserrat, einfach, aber solide. ○

Fleisch vom Grill: Grillrestaurants mit großen Fleischportionen sind etwas teurer. Mit 10–20 US-$ pro Person und Mahlzeit muss man rechnen. Eine klassische Auswahl:
▪ **El Mirasol de Puerto Madero,** Alicia Moreau de Justo 202, Tel. 43 15 62 77. ○○○
▪ **La Estancia,** Santa Fe 3954, Tel. 48 31 80 15. ○○
▪ **La Chacra,** Av. Córdoba 941, Tel. 43 22 14 09. ○○
▪ **Los Años Locos,** Av. Costanera Rafael Obligado s/n, Tel. 47 84 86 81. ○○
▪ **Las Nazarenas,** Reconquista 1132, Tel. 43 12 55 59. ○○

▪ Überzeugte Vegetarier werden im **Granix** in der Florida 165 glücklich, Tel. 43 43 40 20, nur Mo–Fr, mittags. ○○
▪ **La Esquina de las Flores,** Córdoba 159. Gutes vegetarisches Restaurant. ○○
▪ **Café Tortoni,** s. S. 9. ○○

***Buenos Aires

- **La Casa de Esteban Luca,** Defensa 1000, Tel. 43 61 43 38. Argentinisch-spanische Küche. Gut, gemütlich. ◐◐
- **Confitería Ideal,** Suipacha 384, Tel. 52 65 80 69. Eines der besten Cafés; schönes Jugendstilambiente. ◐◐
- **Confitería La Biela,** Av. Quintana 600, Tel. 48 04 04 49. Beliebtes Café in Recoleta; auch Snacks; Terrasse. ◐◐
- **El Balcón de la Plaza,** Humberto 10/Plaza Dorrego. Café mit Balkonplätzen über der Plaza Dorrego; einfache Tagesgerichte; preiswert. ◐◐
- **Pizzería Güerrín,** Corrientes 1368, Tel. 43 71 81 41. Traditionelle Groß-Pizzeria im Zentrum auf drei Ebenen. ◐
- **Clásica y Moderna,** Callao 852, Tel. 48 12 87 07. Treffpunkt der Porteño-Intellektuellen; mit Buchhandlung. ◐

Die meisten Diskos sind teuer (10–15 US-$ Eintritt). Vor 2 oder 3 Uhr nachts ist i. d. R. nichts los.

- **Rey Castro,** Perú 342, www.reycastro.com. Bar, Restaurant, Dancefloor auf zwei Ebenen – alles auf kubanisch gestylt.
- **Rumi,** Figueroa, Alcorta 6438, www.rumiba.com.ar. Coole Lounge-Bar mit Dancefloor; junges Publikum.
- **Oliverio Always,** Callao 360. Die beste Adresse für Livejazz und aktuelle Popmusik.
- **El Club,** Yerbal 1572. Salsadisko.
- **El Gato Negro,** Corrientes 1669. Bar und Café in alter Apotheke.
- **Azúcar,** Corrientes 3330, www.azucarsalsa.com. Rock und Salsa.
- **Opera Club,** Cecilia Grierson 225, Puerto Madero. Elegante Bar, Disco.

**Centro Artesanal del Tango,** Suipacha 256. Tanzschuhe, Kleider, CDs, Bücher, Noten usw.
- **Tienda Cultural,** Av. de Mayo 575. Bücher, Poster, Postkarten, Souvenirs.

Karte Seite 41

## Natur in der Stadt – Ausflug ins Delta des Río Paraná

Nur etwa 30 km vom nördlichen Stadtzentrum entfernt beginnt das etwa 2600 km² große Delta des Río Paraná. Der Río Paraná verzweigt sich in unzählige Wasserstraßen, die entweder in den Río Uruguay oder direkt in den Río de la Plata münden. So entsteht eine Welt von unterschiedlich großen Inseln und Kanälen. Sie verändert sich ständig, denn oft werden Inseln losgerissen und anderswo angeschwemmt, neue Kanäle reißen auf, während andere versumpfen. Auf den Inseln wachsen subtropische Bäume und Pflanzen, die das Delta zu einem kleinen Naturparadies nahe der Hauptstadt machen. Viele *Porteños* haben deshalb hier ein Sommerhäuschen.

Als Ausgangspunkt für einen Besuch bietet sich die Kleinstadt **Tigre** an (Karte S. 49). Man erreicht sie in ca. 50 Min. mit dem Zug vom Bahnhof Retiro (F. C. Mitre) aus oder mit dem Bus Nr. 60. Gegenüber dem Bahnhof in Tigre fahren die Ausflugsboote ab. Übernachtungsmöglichkeit bietet die Jugendherberge auf einer kleinen Insel, wo man auch Kanus für Touren im Delta mieten kann. Man fährt mit dem Bus Nr. 60 vom Bahnhof in Tigre bis zur Endstation; dort legt eine Fähre ab. Voranmeldung empfehlenswert: **Albergues de la Juventud,** Buenos Aires, Calle Brasil 657, www.aaaj.org.ar. Jugendherbergsausweis erforderlich.

**Tour 1** Strandleben statt einsamer Buchten

**Tour 1**

# Strandleben statt einsamer Buchten

**Buenos Aires → La Plata → San Clemente del Tuyú → Pinamar → Villa Gesell → \*\*Mar del Plata → Necochea → Bahía Blanca → Sierra de la Ventana (ca. 1350 km)**

**B**adefreunde aufgepasst: mehr als 1000 km Atlantikküste locken in der Provinz Buenos Aires, weißer Sandstrand und flache Küsten mit sanfter Dünung, mitunter sogar Palmen, meist aber eher Kiefernschonungen. Einsame Strände darf man im Südsommer nicht erwarten. An der Küste reiht sich Badeort an Badeort, manch einer riesengroß und modern wie Mar del Plata, andere für argentinische Verhältnisse untypisch ruhig wie Pinamar. Eine touristische Infrastruktur gibt es überall, vor allem Apartments, die Familien aus Buenos Aires bewohnen, wenn sie ihren Hausstand im Ferienmonat Januar ans Meer verlegen. Dann sind die Strände überlaufen, und es empfiehlt sich, rechtzeitig zu buchen.

Verlässt man die Küste, wird es mit jedem Kilometer ruhiger, taucht man ein in die Pampalandschaft, die große Ebene, die an einer Stelle spektakulär unterbochen wird: in den Bergen der Sierra de la Ventana, einem Paradies für Wanderfreunde.

Die beschriebene Tour kann man mit dem Auto oder mit Bussen in fünf bis acht Tagen bewältigen. Man verlässt Buenos Aires (s. S. 38 ff.) über die Avenida 9 de Julio in Richtung der südöstlichen Vorstadt Quilmes (s. S. 62). Die Stadt wurde nach einem Indianervolk benannt, das die Spanier aus dem Nordwesten hierher umsiedelten. Aus Quilmes stammt das gleichnamige Bier, das beste Argentiniens.

## La Plata ❶

Nachdem sich Buenos Aires 1880 als Hauptstadt Argentiniens etabliert hatte, verlegte man den Regierungssitz der Provinz Buenos Aires nach La Plata (60 km). Ab 1881 vermaßen die Stadtplaner eine Fläche von 25 km$^2$ und teilten sie in regelmäßige Blöcke auf, die von zwei sehr breiten und sechs schmaleren Diagonalen durchbrochen wurden. Einige Plätze und Grünanlagen blieben von der Bebauung ausgespart. Die heute 540 000 Einwohner zählende Stadt entstand also auf dem Reißbrett: Die Straßen sind durchnummeriert, lediglich die Plätze tragen Namen.

An der Plaza Moreno steht die **Kathedrale** von 1885, das Wahrzeichen der Stadt. Europäische Kirchen wie die gotischen Kathedralen in Chartres und Amiens, Notre-Dame in Paris und der Kölner Dom dürften als Vorbilder gedient haben.

Von der Bischofskirche führt die Avenida 53 nach Norden in Richtung der Plaza San Martín, an der die Provinzregierung ihren Sitz hat.

Weiter nördlich hinter der Plaza Rivadavia erstreckt sich der **Parque del Bosque** mit dem **\*Museo de Ciencias Naturales.** Dieses landesweit interessanteste Naturkundemuseum vereint die Privatsammlungen der Naturforscher Florentino Ameghino und Francisco Moreno. Sie trugen eine Fülle von Fossilien und archäologischen Fundstücken zusammen, die zum Museum ergänzt wurden.

**Buenos Aires → \*\*Mar del Plata → Sierra de la Ventana**   **Tour 1**

## Badeorte am Atlantik

### San Clemente del Tuyú ❷

Die Ruta 11 verläuft zum Großteil asphaltiert, mitunter aber nur geschottert immer entlang der Küste. Man erreicht nach etwa 270 km (330 km von Buenos Aires entfernt) San Clemente del Tuyú. Der ruhige Badeort an der Südspitze der Bahía Samborobón liegt nur wenige Kilometer südlich des Punktes, an dem der Río de la Plata offiziell in den Atlantik mündet. Ein Unterschied ist den Wassermassen allerdings nicht anzusehen, denn mit 250 km Breite gleicht der Río de la Plata hier einem Meer.

San Clemente ist ein guter Ort, um einige Tage zu entspannen und dabei den Anglern auf der Mole zuzusehen. Besucher zieht der größte Freizeitpark

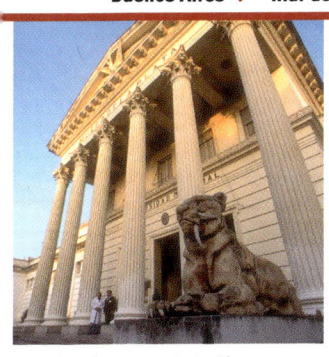

*Naturkundemuseum in La Plata*

**1** Karte Seite **49**

**i** Plaza Moreno; Filiale am Busbahnhof; www.laplata.gov.ar

**Busbahnhof:** Ecke 4./42. Straße; Buenos Aires, Mar del Plata.

**Don Quijote,** Plaza Paso. Gute Meeresfrüchte; oft voll. ○○

49

**Tour 1**  Strandleben statt einsamer Buchten

Südamerikas **Mundo Marino** an, in dem tgl. auch Tiershows mit Ottern, Pinguinen, Seelöwen, Delfinen und Schwertwalen (Orcas, s. S. 80) gezeigt werden (www.mundomarino.com.ar).

**Gran Hotel Casino,** Calle 2 y 16, Tel. (0 22 52) 42 13 15, www.granhotelcasino.com.ar. Moderner Bau am Strand, kleine Zimmer. ○○

An der **Punta Rasa** (9 km nördlich) liegt ein kleines **Naturschutzgebiet.** Es wird von der Fundación Vida Silvestre betrieben und beheimatet im Südsommer tausende Zugvögel (www.vidasilvestre.org.ar).

### Pinamar ❸

Teuer und luxuriös präsentiert sich Pinamar 90 km weiter südlich. Die Kleinstadt wurde in den 1930er-Jahren von dem Architekten Jorge Bunge als Ferienort für die oberen Zehntausend angelegt. Harmonisch fügen sich die teilweise reetgedeckten Villen außerhalb des Zentrums in die Dünenlandschaft ein. Der Atlantik lädt hier besonders zum Baden ein: Die Strände sind breit und gepflegt, und das Wasser ist dank einer Meeresströmung meistens schön warm.

### Villa Gesell ❹

Der Badeort (ca. 20 km von Pinamar) wurde ebenfalls am Reißbrett entworfen. Und zwar von dem deutschen Einwanderer Karl Gesell, der sich bemühte, die Regelmäßigkeit argentinischer Städteplanung zu durchbrechen. Obwohl die meisten Wege im Zickzack verlaufen, fällt die Orientierung nicht schwer. Sie führen ohnehin alle zum 10 km langen Sandstrand, der eigentlichen Attraktion (www.gesell.com.ar).

**Busverbindungen:** Buenos Aires, Mar del Plata.

**Austral,** Calle 306 y Playa, Tel. (0 22 55) 45 80 50, www.haustral.com.ar. Schickes Strandhotel mit Spa-Bereich; große Zimmer mit Balkon und Meerblick. ○○

**Hostería el Bosque,** Av. 3, 1441, Tel. 46 20 25, www.gesell.com.ar/hosteriaelbosque. Gemütliche Pension ca. 250 m vom Strand, zentral und preiswert. ○

## **Mar del Plata** ❺

Wer turbulentes Strandleben in Reinkultur erleben will, darf auf einen Besuch des bekanntesten Badeortes nicht verzichten. 500 000 Einwohner hat »Mardel, la ciudad feliz« außerhalb der Saison; im Januar aber brüten fast 2,5 Mio. Menschen an den insgesamt 17 km langen Sandstränden.

Abends geht es in die Stadt, in eines der vielen Restaurants, ins Kasino, das täglich 25 000 Besucher verzeichnet, ins Kino oder Konzert und danach bis zum Morgen in die Disko. Das Badevergnügen am Strand und die lebendige Atmosphäre der Stadt machen den Reiz des Ferienorts aus.

In der schönen hölzernen **Villa Victoria** (Tucumán y Matheu) wohnte die Herausgeberin der Literaturzeitschrift »Sur«, Victoria Ocampo (s. S. 30). Heute erinnert ein Museum in der Villa an die Publizistin; ausgestellt werden u. a. ihre Werke und das Originalmobiliar. Auch Wechselausstellungen und Konzerte finden hier statt.

Einen guten Überblick über die Stadt hat man vom Wasserturm **Torre Tanque** etwas südlich des Zentrums.

Eine süße Spezialität von Mar del Plata sind *alfajores,* leckeres Lebkuchengebäck, das mit »dulce de leche« (s. S. 33) gefüllt und mit Schokolade überzogen ist.

**Buenos Aires → \*\*Mar del Plata → Sierra de la Ventana   Tour 1**

*Mar del Plata: Einsamkeit ist am Strand wirklich kein Thema*

Blvd. Marítimo 2267; 8–12, 16 bis 20 Uhr, www.mardelplata.gov.ar

**Busverbindungen:** Buenos Aires, Bahía Blanca.

**Costa Galana,** Blvd. Marítimo 5725, Tel (02 23) 4 10 50 00, www.hotelcostagalana.com. Edles Strandhotel, das auch einen schönen Wellnessbereich hat. ○○○

**Astor,** Entre Ríos 1649, Tel. 4 92 16 16, www.hotelastor.com.ar. Komfortabel, zentrums- und strandnah. ○○

Fisch und Meeresfrüchte servieren die kleinen, jedoch nicht ganz billigen Restaurants des **Centro Comercial del Puerto** im alten Fischereihafen.

## Necochea und Tres Arroyos

Auch südlich von Mar del Plata setzt sich die Kette der Ferienstädte fort. Nach 80 km (etwa 510 km von Buenos Aires) erreicht man **Necochea ❺**, den zweitgrößten Badeort des Landes.

---

### Strandleben à la Argentina

Ende Dezember beginnt die Stadtflucht: Die *Porteños* verlassen Buenos Aires, um mit ihren Familien den Ferienmonat Januar zu verbringen. Die meisten wissen auch wo: Dort, wo sie sich jedes Jahr aufhalten, in ihrer Ferienwohnung an der Atlantikküste.

Vom unberührten Paradies mit einsamen Buchten träumen Argentinier nicht. Im Gegenteil: Ein guter argentinischer Badeort hat eine Strandpromenade, gesäumt von Apartmenthäusern, eine lebhafte Fußgängerzone mit vielen, möglichst internationalen Boutiquen, große, bevölkerte Restaurants, die mit ihrer Einrichtung an Kantinen von Großbetrieben erinnern, viele Diskotheken, Kinos, mindestens ein Kasino und für die lieben Kleinen mehrere Spielhallen mit blitzenden Automaten.

Badeorte wie Mar del Plata platzen in der Saison aus allen Nähten. Die Jugend flaniert, zeigt stolz den gebräunten Körper oder treibt Sport. Hier niemanden kennen zu lernen, ist fast unmöglich. Man vertreibt sich die Zeit mit langen Gesprächen am Strand bis zur nächsten Mahlzeit. Dann ein Bummel ins Restaurant, ein kurzer Spaziergang über die *Rambla,* Einkaufen, eine Tasse Kaffee, danach wieder an den Strand. Und abends lockt das Vergnügen: sich zeigen und ausgehen, in ausgelassener Runde essen und tanzen. In den frühen Morgenstunden quellen die Diskos über.

**Tour 1** Strandleben statt einsamer Buchten

Aber verglichen mit Mar del Plata ist die Stadt ein geradezu ruhiges Familienferienzentrum. In **Tres Arroyos** ❼ leben noch viele Nachfahren niederländischer Einwanderer.

## Bahía Blanca ❽

Über die Ruta 3 erreicht man nach etwa 190 km die wichtigste Hafenstadt (300 000 Einw.) südlich von Buenos Aires. Sie lebt von der petrochemischen Industrie, und wer hier einen Badestrand sucht, sollte sich besser weiter östlich, z. B. in Punta Alta niederlassen.

Bahia Blanca besitzt mehrere Hotels der Mittelklasse. Empfehlenswert ist **Paradores Austral,** Hipólito Yrigoyen 3664, Tel. (02 91) 4 56 17 00, www.hoteles-austral.com.ar. Schönes kleineres Haus mit Pool und exzellentem Service. ○○

## Sierra de la Ventana ❾

Bahía Blanca bietet sich als Ausgangspunkt für einen Besuch der Sierra de la Ventana (ca. 90 km nördlich) an. Ihr höchster Gipfel erreicht 1243 m, eine beträchtliche Höhe in der allenfalls leicht welligen Pampa wenige Meter über Meeresniveau.

Zentrum der Sierra ist der 6700 ha große **Naturpark Ernesto Tornquist.** Der Eingang liegt im Ort Sierra de la Ventana. Von dort führt eine dreistündige Wanderung zum »Felsenfenster« mit seinem wundervollen Ausblick.

Im Ort Sierra de la Ventana; hier gibt es Wanderkarten für den Park (www.sierradelaventana.com).

**Busverbindung:** Bahía Blanca.

**Tour 2**

# Wasserfälle und Missionsstationen

**Corrientes → \*Esteros del Iberá → Posadas → \*\*San Ignacio Miní (→ \*\*Trinidad/Paraguay) → \*\*\*Wasserfälle von Iguazú (→ \*Itaipú/Paraguay); ca. 1100 km**

**M**esopotamia – Zweistromland – heißen die Provinzen im Nordosten zwischen Río Paraná und Río Uruguay, den natürlichen Grenzen zu Uruguay und Brasilien. In der feuchtwarmen Region liegen die letzten subtropischen Urwälder des Landes. Rot leuchtende Erdnarben heben sich vom tiefen Grün der Baumriesen ab. Dazwischen verstecken sich die teils vom Urwald überwucherten Jesuitenmissionen, wundervolle Kunstwerke, die vom frühen Kulturaustausch der Europäer und der Indianervölker künden. 150 km entfernt: tosendes Wasser. Binnen weniger Sekunden ist man von der Gischt durchnässt – die Wasserfälle von Iguazú.

Für die Autotour, die auch mit öffentlichen Bussen möglich ist, sollte man sechs Tage ansetzen. Den Ausgangspunkt Corrientes erreicht man bequem per Bus von Buenos Aires aus, von Iguazú empfiehlt sich allerdings der Rückflug in die Hauptstadt.

## Corrientes ❿

Die Hauptstadt (240 000 Einw.) der gleichnamigen Provinz ist landesweit für ihren ausgelassenen Karneval à la Rio bekannt. Das kleine Stadtzentrum

**Corrientes → Posadas → \*\*\*Wasserfälle von Iguazú   Tour 2**

»Glitzerndes Wasser« lautet der Name der Sumpflandschaft Esteros del Iberá

wurde im charakteristischen Schachbrettgrundriss angelegt, und um die zentrale Plaza gruppieren sich die wichtigsten Gebäude: die **Casa de Gobierno** (Regierungspalast) und die **Iglesia de la Merced** von 1628.

Architektonisch reizvoller als diese schlichte Hauptkirche ist der **Convento de San Francisco** (Mendoza 450) von 1607, und für die Gläubigen hat die **Iglesia Cruz de Milagro** größere Bedeutung. Das Kreuz in dieser Kirche bewirkt angeblich Wunder: Um das Symbol zu zerstören, sollen einst Indianer die Kirche überfallen haben, sie wurden jedoch von Blitzen getötet.

> Das **Centro de Información turística** befindet sich an der Plaza Cabral.
> www.corrientes.com.ar

**Flugverbindungen:** BA, Posadas.
**Busverbindungen:** BA, Posadas, Resistencia.

> **Grand Hotel Guaraní,** Mendoza 970, Tel. (0 37 83) 43 38 00, www. hguarani.com.ar. Praktisch an der Fußgängerzone gelegen, modern und stilvoll, mit Pool. ○○

## *Esteros del Iberá ⓫

Die Region ist für den Tourismus wenig erschlossen, weshalb sich die Buchung einer Tour in Corrientes empfiehlt. Das größte Feuchtgebiet Argentiniens umfasst eine Fläche von 5000 km$^2$ und ist etwa doppelt so groß wie das Saarland. Das Guaraní-Wort Iberá bedeutet »glitzerndes Wasser« und charakterisiert die Region treffend: Die nahezu unberührte Wildnis durchziehen große und kleine Wasserläufe, Pfade sucht man vergebens. Die größte Wasserader, der Río Miriñay, mündet in den Río Uruguay.

In den Sümpfen von Iberá leben viele seltene Tierarten. Mit etwas Glück entdeckt man das *yacaré,* eine kleine Krokodilart, *carpinchos* (Wasserschweine) oder die inzwischen seltene, bis zu 8 m lange Anakonda.

⭐ Die Esteros del Iberá sind ein Vogelparadies – etwa 250 verschiedene Arten sollen hier leben. Um die Vögel gut beobachten zu können, sollte man ein Fernglas mitnehmen. Touren in die Sumpflandschaft veranstalten zwei Naturlodges in Colonia Carlos Pellegrini (bei Mer-

**Tour 2   Wasserfälle und Missionsstationen**

*Der »carpincho«, das Wasserschwein, liebt sumpfiges Gelände*

cedes): **Posada Aguapé,** Tel./Fax (0 11) 47 42 30 15, www.iberaesteros.com.ar, und **Hostería Ñandé Retá,** Tel./Fax (0 37 73) 49 94 11, www.nandereta.com.

## Posadas ⓬

Weiden und Wald, mal ein Tümpel oder auch ein Dorf – mehr ist auf den 200 km zwischen Corrientes und Posadas (200 000 Einw.), der Hauptstadt der Provinz Misiones, nicht zu sehen. Wer dort im Sommer ein klimatisiertes Zimmer ergattert, darf sich glücklich schätzen: In der Stadt ist die schwüle Mittagshitze kaum auszuhalten.

Zur Abkühlung bieten sich auch ein Spaziergang zum Río Paraná an oder der Besuch des **Museo de Ciencias Naturales e Históricos,** San Luis 384. Es zeigt Funde aus den Jesuitenreduktionen der Umgebung und informiert über die Geschichte der Provinz. Vom Hafen der Stadt setzen Boote ins paraguayische Encarnación (s. S. 56) über.

In Posadas haben viele Häuser zwei Nummern, da alle Straßen vor einigen Jahren umnummeriert wurden.

Das Infobüro residiert in der Calle Colón 1985.
Infos über die Region Misiones: www.turismo.misiones.gov.ar

*Im Nordosten hat das Leben einen geruhsamen Rhythmus*

**Flugverbindung:** Buenos Aires.
**Busverbindungen:** BA, Puerto Iguazú, Córdoba, Resistencia, Corrientes, San Ignacio Miní, Encarnación (Paraguay).

**Residencial Marlis,** Corrientes 1670, Tel. (0 37 52) 42 57 64. Freundliche kleine Pension im Zentrum, einfache Zimmer, deutschsprachig. ○

**La Querencia,** Calle Bolívar 322, Tel. 43 49 55. Gutes Lokal an der Plaza; große Fleischportionen. ○○

## **San Ignacio Miní ⓭

Hinter Posadas taucht die Straße in den Urwald ein. Ein bedrohter Urwald, wie man leicht erkennt: Überall klaffen Lücken im Grün. Dörfer, Felder und Weiden beanspruchen zunehmend Land, überall zerfurchen mit Stämmen schwer beladene Laster die Erde.

Nur knapp 60 km östlich von Posadas liegt San Ignacio Miní, die größte der Jesuitenniederlassungen. Die Ruinen sind gut zugänglich und das hervorragende Museum vermittelt viel Wissenswertes über die Geschichte.

San Ignacio Miní wurde 1696 von Jesuiten und Guaraní gegründet, die zuvor im brasilianischen Guairá gesiedelt hatten. Um eine mehrere hundert Quadratmeter große **Plaza de Armas** gruppierten sich die wichtigsten Gebäude. Hinter dem Gotteshaus lagen Unterrichtssaal, Speiseräume, Küche, Werkstätten, Gefängnis und Friedhof.

Nach der Ausweisung der Jesuiten 1767 verfiel San Ignacio Miní. 1784 lebten nur noch 176 Indianer hier, 1810 war die Siedlung vollständig verlassen und 1817 wurde die Reduktion auf Befehl des paraguayischen Diktators José G. Rodríguez de Francia endgültig zerstört. Mehr als 100 Jahre lang überwucherte der Urwald das Gelände.

*San Ignacio Miní*

### Die Jesuiten

Nicht einmal 200 Jahre, von 1588 bis 1767, dauerte die Geschichte der Jesuiten in Südamerika. Ende des 16. Jhs. waren die ersten Mitglieder der *Societas Jesu* noch als Wandermissionare aktiv. Als sie sahen, dass ihre Tätigkeit erfolglos blieb, gründeten sie Siedlungen, *Reduktionen* genannt, in denen unter ihrer Leitung bis zu mehrere Tausend Indianer wohnten. Grund und Boden gehörten zum Großteil allen zusammen und wurden gemeinsam bestellt, es gab für jedes Mitglied gleich viel Wohnraum, darüber hinaus Gemeinschaftsräume und soziale Einrichtungen wie Krankenhäuser und Altersheime.

Die ersten Reduktionen wurden ab 1609 im heute brasilianischen Guairá gegründet. Weil es wiederholt zu Überfällen von Sklavenhändlern aus São Paulo kam, die die Bewohner ganzer Dörfer verschleppten, begannen die Jesuiten, die Reduktionen ab 1632 umzusiedeln: Etwa 12 000 Menschen zogen den Río Paranapanema hinab bis zu dessen Mündung in den Paraná, dann flussabwärts bis an den Ort, wo die Ruinen von San Ignacio Miní stehen. Das heutige Südparaguay und die argentinische Provinz Misiones entwickelten sich zu den wichtigsten Siedlungsgebieten.

Die Reduktionen unterstanden der Aufsicht der Padres. Diese betrachteten die Indianer als Schutzbefohlene. Sie lernten zwar selbst die Indianersprache und lehrten die Guaraní lesen und schreiben, planten aber nicht, ihnen die Weiterführung der Reduktionen zu überlassen. Das rächte sich, als Carlos III. 1767 die Ausweisung der Jesuiten aus Südamerika befahl.

Innerhalb einer Generation zerfielen die meisten Niederlassungen. Während 1767 rund 100 000 Indianer in solchen Dorfgemeinschaften lebten, waren es 1802 nur noch rund 30 000. 1840 wurden sie endgültig aufgelöst.

**Tour 2** Wasserfälle und Missionsstationen

Die erhaltenen Mauern und Fassadenteile geben einen Eindruck von der einstigen Größe und Schönheit der Kirche: Den Baustil des 74 m langen und 24 m breiten Gotteshauses nennt man treffend Guaraní-Barock, denn die indianischen Steinmetzen verzierten und variierten Europas barocke Formensprache. Besonders die Menschendarstellungen sowie die Blumen- und Tiermotive verraten eine genuin-indianische Ausdrucksweise.

**Hotel San Ignacio,** Sarmiento 823, Tel. (0 37 52) 47 04 22, hotelsanignacio@arnet.com.ar. Familiäres 1-Sterne-Haus, einfach und angenehm. ○○

Einige Restaurants und Cafés von durchschnittlicher Qualität liegen am Eingang zu den Ruinen.

## Abstecher nach Südparaguay

Nicht nur die argentinische Provinz Misiones, auch das angrenzende Paraguay war im 17. Jh. ein wichtiges Missionsgebiet der Jesuiten. Wer über ihre Geschichte, Kultur oder Architektur mehr erfahren will, sollte einen Abstecher über die Grenze machen.

Pass nicht vergessen! Die Geldwechsler an der Grenze tauschen US-Dollar in Guaraní (G) zum nahezu offiziellen Wechselkurs.

### Encarnación ⓮

Die größte Stadt im Süden Paraguays (60 000 Einw.) besteht aus zwei Teilen, wie sie unterschiedlicher kaum sein könnten. Die moderne Stadt weit oberhalb des Flussufers wirkt gesichtslos, der Altstadtbereich hingegen wie ein einziger Markt.

Am Río Paraná wird alles angeboten, von Kürbissen über Plastiksandalen bis zu Faxgeräten.

Das Handelsparadies dürfte aber nur noch wenige Jahre bestehen, denn ganz in der Nähe errichten Paraguay und Argentinien zur Zeit gemeinsam das **Wasserkraftwerk Yacyretá**. Wenn das Wasser des Río Paraná aufgestaut wird, versinkt das alte Encarnación in den Fluten.

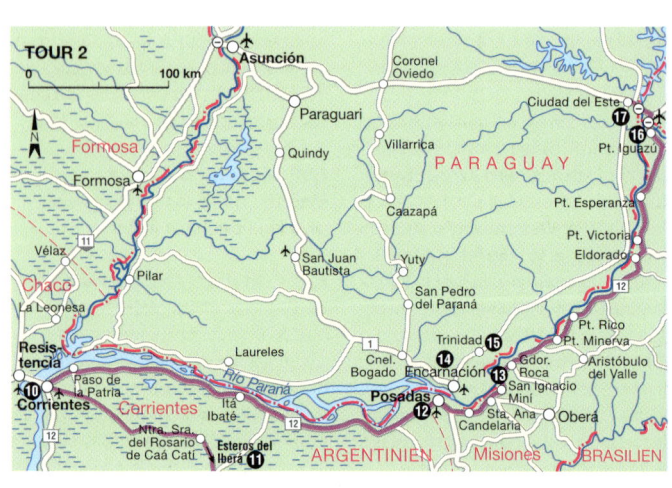

**Corrientes → Posadas → \*\*\*Wasserfälle von Iguazú    Tour 2**

*Busse sind in Paraguay bunt, aber nicht unbedingt komfortabel*

Geführte Besuche (engl./span.) nach Anmeldung: Tel. (0 37 86) 42 15 43, www.yacyreta.org.ar

**Busverbindungen:** Posadas, Ciudad del Este, Asunción, Trinidad.

**Encarnación Resort Hotel,** Ruta 1, Km 361, Tel. 20 72 50, www.encarnacionresorthotel.com.py. Ferienhotel außerhalb der Stadt in tropischer Parkanlage; mit Pool. ○○○

**Paraná,** Estigarribia 1157, Tel. 20 44 40, stapf@itacom.com.py. 40 Zimmer, modern, klimatisiert, gut und unspektakulär. ○○

**Rancho Grande,** Estigarribia/ Cerro Cora. Grillokal, große Portionen, oft Livemusik. ○○

## \*\*Trinidad ⓯

In Trinidad ca. 25 km nordöstlich von Encarnación an der Straße nach Ciudad del Este liegt eine der schönsten Ruinen einer ehemaligen Jesuitenreduktion. Die Mission wurde ab 1706 gebaut, aber erst 1760 fertig gestellt.

Anders als San Ignacio Miní in Argentinien wird Trinidad kaum von Touristen besucht. Vom kleinen Uhrturm mitten auf dem Gelände aus gewinnt man den besten Überblick. Die Kirchenruine sticht besonders hervor: Steinmetze der Guaraní haben die Wände kunstfertig mit Pflanzenmustern verziert.

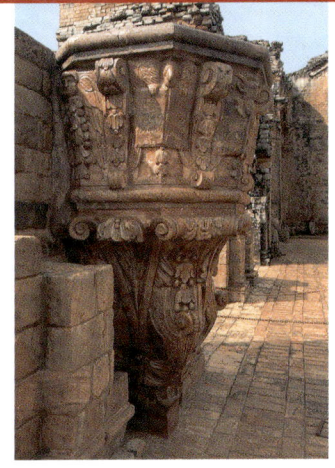

*Steinkanzel in Trinidad*

**Karte Seite 56**

## Die \*\*\*Wasserfälle von Iguazú

**Puerto Iguazú ⓰** an der Mündung des Río Iguazú in den Río Paraná ist Ausgangspunkt für den Besuch eines der größten Naturwunder Argentiniens, ja sogar ganz Südamerikas: die Wasserfälle von Iguazú etwa 20 km flussaufwärts. Die Kleinstadt selbst bietet wenig Interessantes. Abends kann man an der Flussmündung im Dreiländereck Argentinien, Paraguay und Brasilien den Sonnenuntergang über dem Río Paraná beobachten, dann über die Hauptstraße bummeln und sich einen Platz vor einem Restaurant suchen.

Avenida Misiones 32, Of. 01, Tel. (0 37 57) 42 29 38, www.iguazuturismo.gov.ar

**Flugverbindungen:** Buenos Aires, Rio de Janeiro, São Paulo. **Tipp:** Beim Flug von Iguazú nach Buenos Aires sollte man im Flugzeug links sitzen.
**Busverbindungen:** Buenos Aires, Posadas, Resistencia, Córdoba, Nationalpark Iguazú, Foz do Iguaçu (Brasilien), Ciudad del Este (Paraguay).

## Tour 2  Wasserfälle und Missionsstationen

*Schon die Guaraní nannten die Fälle »iguazú« – großes Wasser*

*Er nascht mit Vorliebe Früchte des Urwalds: der Tukan*

**Saint George,** Av. Córdoba 148, Tel. (0 37 57) 42 06 33, www.hotelsaintgeorge.com. Für den Preis beinahe luxuriös; mit Pool. ○○
**Alexander,** Córdoba 222, Tel. 42 02 49, www.alexanderhotel.com.ar. Pool, Klimaanlage, bezahlbar und gut. ○○

Von weitem schon hört man die Fälle rauschen. Die ersten Nebelschwaden steigen über dem dichten Urwald auf, und dann sieht man das Wasser: Es tobt und brodelt, braust und rauscht, feinste Tropfen legen sich auf Bäume und Blumen und verwandeln sich im Sonnenlicht in Regenbogen.

Iguazú bedeutet in der Sprache der Guaraní »großes Wasser« und der Name leuchtet jedem ein, der die Wasserfälle des Río Iguazú sieht: In einem Halbkreis von 2700 m stürzen durchschnittlich 1700 m$^3$ Wasser pro Minute (in Spitzenzeiten 7000 m$^3$) über zwei Stufen bis zu 72 m in die Tiefe. Denn hier bricht das Basaltplateau des Südbrasilianischen Schildes abrupt ab – so die wissenschaftliche Erklärung für dieses atemberaubende Schauspiel.

Der Río Iguazú bildet die Grenze zwischen Argentinien und Brasilien. Zwei Länder haben somit Anteil an den Wasserfällen, und man sollte auch unbedingt beide Seiten besuchen. Auf der brasilianischen eröffnet sich das überwältigende Postkartenpanorama, auf der argentinischen hingegen führen Pfade und Stege direkt an das Naturschauspiel heran. Staunend steht man auf der argentinischen Seite über den Wassermassen der riesigen **Garganta del Diablo,** des »Teufelsschlunds«, wo man wegen der emporschäumenden Gischt nicht bis zum Grund der Schlucht hinunterschauen kann.

Überall werden Rundflüge mit Hubschraubern angeboten. Doch sollte man auf dieses Vergnügen verzichten, denn die Wasserfälle bilden das Herzstück eines großen, grenzübergreifenden Nationalparks mit vielen seltenen Tieren, die durch den Motorenlärm gestört werden.

Reisegruppen kommen erst ab 10 Uhr. Frühaufsteher, die ihren Besuch selbst planen und mit dem Bus in den Nationalpark fahren, sind in den Morgenstunden zunächst unter sich.

In Vollmondnächten bietet das Tourismusbüro in Puerto Iguazú **Mondscheinwanderungen** entlang der Fälle an. Dies sollte man nicht versäumen – wer im Sheraton wohnt, kann auch auf eigene Faust losgehen.

**Sheraton Internacional,** Parque Nacional Iguazú, Tel. (0 37 57) 49 18 00, www.starwood.com. Im argentinischen Teil; man sieht die Wasserfälle vom Balkon aus; ideal für einen romantischen Aufenthalt; teuer. ○○○

**Iguazú Grand Hotel,** Ruta 12, Km 1640, Tel. 49 80 50, www.iguazu grandhotel.com. Neues Luxushotel mit Spielkasino und Poollandschaft zwischen Puerto Iguazú und Nationalpark. ○○○

## Abstecher über Brasilien nach Paraguay

Niemand sollte sich mit dem argentinischen Blickwinkel der Wasserfälle begnügen, denn das große Panorama genießt man von Brasilien aus.

Nur einen Steinwurf von der Grenze entfernt liegt in Paraguay das Händler- und Schmugglerparadies Ciudad del Este.

Für Brasilien und Paraguay benötigen Deutsche, Österreicher und Schweizer den Reisepass, aber kein Visum; im kleinen Grenzverkehr für Tagesaufenthalte im Dreiländereck gibts nicht einmal Ein- oder Ausreisestempel. Wer hingegen länger im anderen Land bleiben will, sollte sich alle Stempel besorgen.

Achten Sie darauf, dass Sie bei der Wiedereinreise nach Argentinien einen **Einreisestempel** bekommen. Sonst wird die spätere Ausreise kompliziert und recht teuer.

### Foz do Iguaçu (Brasilien)

Die 200 000 Einwohner zählende brasilianische Grenzstadt ist nicht gerade attraktiv zu nennen. Lediglich die Einkaufsstraßen im Stadtzentrum verbreiten ein wenig Flair.

**Empresa Brasileira,** Praça Getúlio Vargas 69, Tel. (00 55 45) 35 21 14 55, www.fozdoiguacu.pr.gov.br/turismo

### *Itaipú

Das brasilianisch-paraguayische Gemeinschaftsunternehmen ist das größte Wasserkraftwerk der Welt. Das gigantische technische Projekt hat die Länder in eine ebenso gigantische Verschuldung getrieben: 20 Mrd. US-$ hat das Mammutprojekt gekostet, mit 3 Mrd. US-$ war es ursprünglich veranschlagt worden. Dafür sollte es die Energieprobleme Brasiliens endgültig lösen. Aber auch dieses ehrgeizige Ziel wurde verfehlt, denn Itaipú liegt mehr als 1000 km von den wichtigsten Industriegebieten Brasiliens entfernt, und der Energieschwund beim Transport ist immens.

Die Besichtigung des Kraftwerks Itaipú ist kostenlos. Zum Programm gehören die Vorführung eines in technische Details verliebten Films und eine Busrundfahrt. Außer der riesigen Wasserfontäne und den 200 m hohen Dammmauern, die den 1500 km² großen Stausee umgrenzen, bekommt man wenig Interessantes zu sehen (Führungen Mo–Sa 8, 9, 10, 14 und 15 Uhr, www.itaipu.gov.br).

### Ciudad del Este (Paraguay) ⓱

Die jüngste Stadt (90 000 Einw.) in Paraguay boomt. Ihre Bewohner leben hauptsächlich vom Schmuggel, denn die meisten Produkte sind in Paraguay billiger als in den Nachbarländern. Schwer bepackt eilen Menschenmassen über den **Puente de la Amistad,** der Ciudad del Este mit dem brasilianischen Foz do Iguaçu verbindet; Busse und Privatwagen, allesamt überladen, stauen sich vor der Grenzstation, obwohl die Zöllner lediglich Stichproben machen.

## Tour 3

# Andengipfel und Kolonialstädte

**San Miguel de Tucumán → \*\*Tafí del Valle → \*Quilmes (→ \*\*\*Valle de Calchaquíes) → \*Salta → San Salvador de Jujuy → \*\*Quebrada de Humahuaca → La Quiaca (ca. 1300 km)**

In sämtlichen Rot- und Grüntönen schimmern die kahlen Berge. Lediglich ein paar große Kakteen fristen in der kargen Landschaft ein kümmerliches Dasein. In der Ferne drei Lamas, die beim Näherkommen des Busses hastig davongaloppieren. Autos quälen sich über die Schotterstraße, ebenso ein Bus. Er ist überfüllt, die meisten Reisenden schlafen. Unterwegs auf dem Altiplano nahe der Grenze zu Bolivien. Der Nordwesten ist ein Landstrich der Gegensätze: kahle Hochebenen, aber auch verwunschene Regenwälder, schneebedeckte Sechstausender und Salzseen, staubige Dörfer mit gerade mal 15 Lehmhäusern, daneben die schönsten und ältesten Kolonialkirchen und die meisten präkolumbischen Bauwerke des Landes.

Für die Tour sollte man etwa zwei Wochen einkalkulieren. Am besten mietet man dafür ein Auto. Die Busse nehmen in der Regel den kürzesten Weg, sodass man viele Naturschönheiten nur im Vorüberfahren sieht. An einigen Orten empfiehlt es sich, sich einer organisierten Tour anzuschließen. Der Ausgangspunkt der Reise, San Miguel de Tucumán, ist per Flugzeug oder Bus leicht zu erreichen.

*Ein französischer Architekt entwarf die Kathedrale von Tucumán*

## San Miguel de Tucumán ⓘ

Die mit 500 000 Einw. größte Stadt im Nordwesten nahm Anfang des 20. Jhs. einen Aufschwung, als mit dem Zuckerrohranbau in der Gegend noch viel Geld zu verdienen war. Tucumán ist eine wichtige Universitätsstadt mit regem studentischem Nachtleben.

Die neoklassizistische **Kathedrale** an der zentralen Plaza Independencia wurde 1845–1852 nach Plänen des französischen Architekten Pedro Delgare Etcheverry erbaut, während die Fassade von **San Francisco** (nördl. der Plaza) die Kolonialzeit repräsentiert.

Südlich der Plaza, in der Calle Congreso 151, findet man die wichtigste Sehenswürdigkeit der Stadt, die **Casa de la Independencia.** Ein Besuch des Hauses gehört zum Pflichtprogramm eines jeden Argentiniers, wurde doch hier am 9. Juli 1816 die Unabhängigkeit verkündet. In den Sommermonaten (jeden Abend außer Di) erinnert eine Ton-Dia-Schau an das Ereignis.

Das Leben der Ureinwohner dokumentiert das **Museo Folklórico** in der Av. 24 de Septiembre 565. Wer sich über die Geschichte des Zuckerrohrs informieren möchte, kann das Museum im **Wohnhaus des Erzbischofs Co-**

**San Miguel de Tucumán → *Quilmes → *Salta → La Quiaca    Tour 3**

lombres (Parque Centenario 9 de Julio östlich des Zentrums) besuchen. Er führte den Anbau der Nutzpflanze Anfang des 19. Jhs. in der Provinz ein.

**i** Avenida 24 de Septiembre/ Plaza Independencia. www.turismoentucaman.com

**Flug- und Busverbindungen:** Buenos Aires, Córdoba, Jujuy, Salta. Busse auch nach Mendoza.
**Mietwagen: Avis,** im Hotel del Sol, Plaza Independencia. Preiswerter ist **Movil Renta,** San Lorenzo 370.

**Catalinas Park Hotel,** Soldati 380, Tel. (03 81) 4 50 22 50, www.catalinaspark.com. Stilvolles 5-Sterne-Haus im Zentrum. ○○○
**Mediterráneo,** 24 de Septiembre 364, Tel. 4 31 00 25, www.hotel mediterraneo.com.ar. Freundliches 3-Sterne-Haus, nüchterne Zimmer, nicht unbedingt ruhig gelegen. ○○

**Los Negros,** Laprida 623, Tel. 4 30 46 24. Sehr gute Parilla, dazu feine Weine. ○○
**Setimio,** Santa Fé 512, Tel. 4 31 27 92. Weinbar, gute Auswahl an Käse und Schinken, exzellente Lammgerichte. ○○

Etwa 15 km westlich der Stadt erstreckt sich die **Reserva Biológica San Javier,** ein fast 15 000 ha großes Naturschutzgebiet mit subtropischem Pflanzenbewuchs.

## Hochebene **Tafí del Valle** ⑲

Von San Miguel de Tucumán führt die Ruta 38 Richtung Süden nach **Lules,** wo man die Ruinen einer alten Jesuitensiedlung besichtigen kann. Kurz vor Monteros biegt man bei Kilometer

*Rätselhafte Kreise bilden die Menhire in der Hochebene von Tafí del Valle*

**Karte Seite 63**

46 nach Nordwesten (rechts) Richtung Tafí del Valle ab. Die Straße folgt dem engen Tal des Río de las Sosas und verläuft durch subtropische Vegetation bergan. Nach etwa 100 km Gesamtstrecke öffnet sich die Schlucht auf 2000 m Höhe zu einer kleinen Hochebene, umringt von Fünftausendern.

**Tafí del Valle** heißt diese Hochebene, ebenso wie der dortige Hauptort. Das Tal war vom 4. bis 9. Jh. von den Tafí aus dem Stamm der Diaguita besiedelt. Sie legten magische Steinkreise aus zylindrisch geformten, bis zu 3 m hohen Menhiren an. Teils sind die Steine poliert, teilweise wurden Zeichen und Gesichter eingemeißelt.

Im **Parque de los Menhires,** etwa 10 km vor dem Ort Tafí, hat man 129 Menhire von verschiedenen Fundstellen zusammengetragen.

Von Tafí del Valle steigt die Straße weiter an bis zum Pass **Abra del Infiernillo** auf 3040 m.

Wie in der gesamten Region wird in **Amaichá del Valle,** der nächsten Ortschaft, alljährlich im Februar das Fest der *Pachamama,* der Mutter Erde, besonders feierlich begangen. Die Dorfbewohner danken der Göttin der Fruchtbarkeit für eine

**Tour 3**  Andengipfel und Kolonialstädte

gute Ernte. Der Pachamama huldigen auch Katholiken. Den ersten Schluck Wein gießt man oft als Opfer auf den Boden, und in den Dorfkirchen liegen häufig kleine Gaben wie Zigaretten oder Cocablätter auf dem Altar.

## *Quilmes und Cafayate

**\*Quilmes,** 22 km von Amaichá entfernt, wurde vermutlich ab Beginn des 11. Jhs. von den gleichnamigen Indianern erbaut, die ursprünglich von der Westseite der Anden stammten. Eindrucksvoll bezeugen die **Ruinen** die Baukunst der früheren Bewohner: Wie die Inka setzten auch sie die Steine mörtellos aufeinander.

Der nächste größere Ort, **Cafayate**, bietet eine echte kulinarische Spezialität: den Torrontés-Wein, einen erstklassigen Weißen, der kräftig, trocken, aber dennoch fruchtig schmeckt und sogar nach Europa exportiert wird.

Die acht großen Bodegas der Region produzieren 60 Mio. Liter. In der Av. Güemes gibt es ein **Weinmuseum.** Zentrum des Ortes ist die Plaza mit einer schönen Kolonialkirche.

Einige Weingüter können besichtigt werden. Führungen mit Weinprobe und -verkauf bietet die **Bodega Etchart** an der Ruta 40, Tel. (0 38 68) 42 13 10; Mo–Fr 8–18.30 Uhr.

**Centro de información turística** im Kiosk auf der Plaza, Tel. (0 38 68) 42 14 70, www.salnet.com.ar/cafayate

**Busverbindungen:** Salta, Tucumán.

**Asturias,** Gral. Güemes Sur 154, Tel. (0 38 68) 42 13 28, www.redsalta.com/asturias. Recht komfortabel, organisierte Ausflüge. ○○

*Die Ruinen von Quilmes sind Zeugen präkolumbischer Kultur*

**Hotel Tinkunaku,** Tel. 42 11 48. Diego de Almagro 12. Einfaches kleines Haus, sauber und günstig. ○

**El Gordo,** San Martín y Güemes. Gute regionale Küche und Weine. ○

## **Quebrada de las Conchas

Auf der Ruta 68 Richtung Salta erreicht man nach etwa 80 km die Quebrada de las Conchas mit ihren faszinierenden Sandsteinformationen. Schwindel erregende Blicke in die Tiefe eröffnen zwei Punkte: **El Anfiteatro**, ein Felsenkessel von knapp 50 m Durchmesser und über 100 m Höhe sowie **La Garganta del Diablo.**

## ***Valle de Calchaquíes

Durch das malerische Flusstal führt die Ruta 40. Nicht nur die Felsformationen und Ausblicke auf schneebedeckte Gipfel sind überwältigend, im Tal beeindrucken vor allem Dörfer, in denen sich hervorragende Beispiele der Kolonialarchitektur (16. bis 19. Jh.) finden. Die Straße ist kaum asphaltiert, aber gut befahrbar.

**San Miguel de Tucumán → *Quilmes → *Salta → La Quiaca   Tour 3**

15 km von Cafayate erreicht man **San Carlos** ㉓ auf 1700 m Höhe. 1551 von den Spaniern gegründet, bietet der kleine Ort ein gut erhaltenes Ensemble aus dem 19. Jh. In der wundervollen **Quebrada de la Flecha,** der »Pfeilschlucht«, schillern die Felswände in allen Regenbogenfarben. Wind und Wetter haben den Sandstein in bizarre Formen verwandelt.

Etwa 80 km entfernt liegt die Ortschaft **Molinos** ㉔, deren Kirche von 1659 dem Muster kolonialen Kirchenbaus auf dem bolivianischen Altiplano entspricht. Charakteristisch sind der einschiffige Grundriss und die wuchtigen Fassadentürme. Im Innern wird hinter einer Metallplatte der mumifizierte Körper des letzten spanischen Gouverneurs von Salta, Don Nicolás Isasmendi Echelar, aufbewahrt.

Einige koloniale Heiligenfiguren schmücken die Kirche. Meist tragen sie menschliches Haar, das von einer Frau aus dem Dorf geopfert wurde. Der Gesichtsausdruck der Figuren wirkt eher typisierend als individuell ausgeformt, dennoch blicken sie rührend gläubig, ja Ehrfurcht einflößend.

Eine ähnliche Kirche wie Molinos besitzt auch **Seclantás.** Sie grenzt unmittelbar an den kleinen Friedhof der Gemeinde, dessen schmiedeeiserne Grabkreuze und steinerne Mausoleen in der kahlen, wüstenartigen Berglandschaft befremdlich wirken.

## Cachi ㉕

Die Stadt auf knapp 2300 m wird von dem 6720 m hohen Gipfel der Nevados de Cachi überragt. In der Ortsmitte findet man die schönste **Plaza** des gesamten Valle de Calchaquíes. Das koloniale Schmuckstück wird auf zwei Seiten von der monumentalen Fassade der sonst recht schlichten

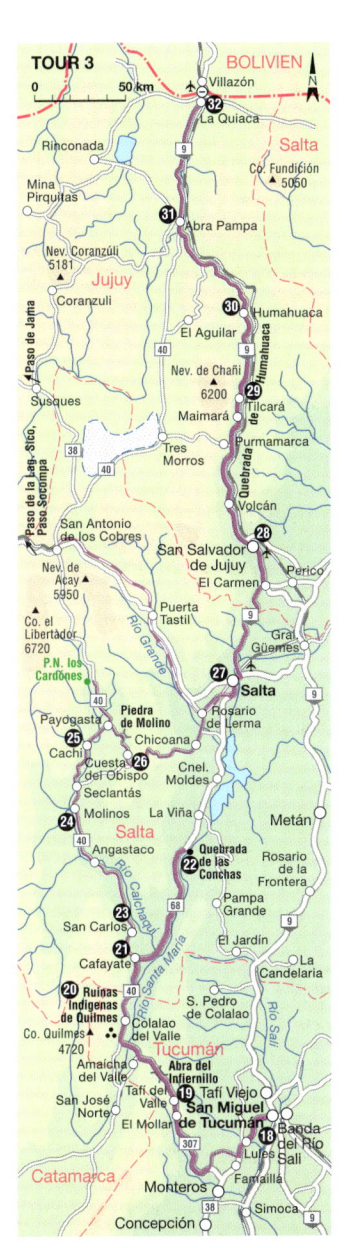

**Karte Seite 63**

**Tour 3**  Andengipfel und Kolonialstädte

*Bei Cachi rücken die Schneegipfel der Sechstausender recht nah*

*Gigantische Kandelaberkakteen im Nationalpark Los Cardones*

Pfarrkirche und dem lang gezogenen Arkadenbau des Museo Arqueológico begrenzt. Um die Mittagszeit, wenn die Sonne auf die menschenleere Plaza brennt, fühlt man sich in vergangene Zeiten versetzt.

Das **\*Archäologische Museum** gilt als eines der besten im Land; es zeigt vor allem Textilien und Tonarbeiten der Indianervölker, die den Nordwesten einst bevölkerten (Mo–Fr 9–18, Sa 10–14, So, Fei 10–13 Uhr).

**Samay Huasi Estancia,** Cachi Adentro, Tel. (03 87) 1 56 83 22 84. Freundlich geführtes Landhaus im kolonialen Stil. ○○

## Los Cardónes und Cuesta del Obispo

An der Abzweigung Richtung Piedra de Molino und Salta fährt man zunächst geradeaus, denn hier beginnt der **\*Nationalpark Los Cardónes.**

Ein großartiger Ausblick eröffnet sich auf knapp 3000 m Höhe: In einem weiten Tal wachsen Abertausende von riesigen, oft mehr als 10 m hohen Kandelaberkakteen, die bis zu einem halben Meter dick sind, und in der Ferne thronen majestätische Sechstausender vor ewig blauem Himmel.

Über Payogasta erreicht man bald die Passhöhe **Piedra de Molino** auf 3260 m. Seinen Namen führt dieser Punkt zu Recht, denn am Wegesrand liegt tatsächlich ein Mühlstein. Wie er dorthin kam, bleibt ein Rätsel.

Richtung Salta geht es hinunter in eine Schlucht, die **Cuesta del Obispo** ㉕. Allmählich wird jetzt die Landschaft weit fruchtbarer; statt kahler Höhen sieht man Wiesen und farbenfrohe Blumen.

Nach rechts führt ein kurzer Abstecher in ein Hochtal, das **Valle Encantado** (»verwunschenes Tal«), das eine traumhafte Fernsicht eröffnet. Es ist ein ruhiges Fleckchen mit blühender Vegetation und kleinen, bizarren Felsformationen.

Weil die Cuesta del Obispo sehr steil ist und die Straße nicht asphaltiert, muss man sich beim Fahren stark konzentrieren. Dabei möchte man eigentlich nur herumschauen – in die Landschaft, die immer grüner wird, auf die Wälder, blühende Felder oder Häuser aus roten Lehmziegeln. Ab Chicoana ist die Straße wieder asphaltiert, und auch an der dichteren Bebauung merkt man, dass eine Großstadt näher rückt.

**San Miguel de Tucumán → \*Quilmes → \*Salta → La Quiaca    Tour 3**

# \*Salta ❼

*La Linda,* »die Schöne«, nennen die Salteños ihre Provinzhauptstadt, denn durch die vielen Bauten aus der Kolonialzeit hebt sich Salta wohltuend von den mitunter recht eintönigen argentinischen Städten ab. Verzierte Fenstersimse und Portale schmücken niedrige Gebäude mit Balkonen aus Holz oder Schmiedeeisen, stille Innenhöfe spenden Schatten.

Heute zählt die Stadt 450 000 Einwohner, der historische Kern ist aber recht überschaubar. Als Ausgangspunkt für einen Rundgang bietet sich die palmenbestandene **Plaza 9 de Julio** im Zentrum an.

An ihrer Nordseite erhebt sich unübersehbar die gelb getünchte **Kathedrale**, die erst Ende des 19. Jhs., aber noch ganz in der kolonialen Stiltradition erbaut wurde. Im Innern ist für Gläubige das angeblich wundertätige Bildnis einer Muttergottes wichtig, Patrioten und historisch Interessierte besuchen hingegen das Grabmal des Generals Martín M. de Güemes. Der Held der Provinz kämpfte 1806 gegen die Invasion der Briten in Buenos Aires und ab 1814 in Salta gegen die Spanier, die zu jener Zeit noch in Bolivien herrschten.

Gegenüber der Kathedrale steht der **Cabildo**, das frühere Rathaus, mit dem **Historischen Museum**. Nicht nur dieses ist sehenswert, auch der weiß getünchte Bau an sich (1780) ist mit seinen beiden Innenhöfen ein Paradebeispiel kolonialer Architektur.

Folgt man der Calle Caseros nach Osten, gelangt man zur **Iglesia San Francisco** (1796), die wegen ihrer rotgoldenen Bemalung und dem 57 m hohen frei stehenden Glockenturm auffällt. In eher schlichtem Kolonialstil wurde dagegen der **Convento de San Bernardo** (Caseros/Lavalle) errichtet.

Die **Markthalle** an der Ecke Florida/Avenida San Martín birgt ein malerisches Wirrwarr von Ständen, und vielleicht probiert man dort *empanadas,* gefüllte Teigtaschen, eine Spezialität der Provinzküche.

Das beste Stadtpanorama hat man vom Gipfel des **Cerro San Bernardo,** zu dem 1026 Stufen (hinter dem Güemes-Denkmal) oder die Drahtseilbahn ab Parque San Martín hinaufführen.

Ein Infobüro findet man in der Calle Buenos Aires 93.
▪ **Salta im Internet:** www.turismo salta.gov.ar und www.redsalta.com

**Bahnverbindung:** Tren a las Nubes, s. S. 66.
**Flugverbindungen:** Buenos Aires, Córdoba, Jujuy, Tucumán.
**Busverbindungen:** B. A., Jujuy, Tucumán, La Quiaca, Mendoza, Cafayate, Cachi, San Antonio de los Cobres.
**Mietwagen: Dollar,** Caseros 225
▪ **Rent Autos,** Caseros 400
▪ **Ale,** Caseros 753

**Salta,** Buenos Aires 1, Tel. (03 87) 4 31 07 40, www.hotelsalta.com. Nett-altmodisches Haus mit 97 angenehmen Zimmern. Sehr gutes Restaurant, Pool. ❍❍❍
▪ **Victoria Plaza,** Zuviría 16, Tel. (03 87) 4 31 85 00, www.hotel victoriaplaza.com.ar. 96 nüchterne Zimmer, günstig gelegen. ❍❍
▪ **Selva Montaña,** Alfonsina Storni 2315, San Lorenzo, Tel. (03 87) 4 92 11 84, www.hostal-selvamontana.com.ar. Hübsches Hotel im Kolonialstil, in einem Villen-Vorort am Rand des Bergregenwalds gelegen. ❍❍

**La Casa de los Díaz,** 20 de Febrero 621, Tel. 4 21 26 75. Exzellente regionale Küche. ❍❍

Karte Seite 63

In der **Casa El Alto Molino,** Calle San Martín 2555, etwas außerhalb der Innenstadt findet (fast) jeden Tag ein großer und in der Regel auch viel besuchter Kunsthandwerkermarkt statt. Die Auswahl ist gut und teuer, die Öffnungszeiten sind allerdings sehr wechselnd. Informieren Sie sich am besten vorher bei der Touristeninformation.

Typisch für Salta sind die urigen *Peñas*, Kneipen, in denen bis tief in die Nacht ausgiebig gesungen und gezecht wird. Die Instrumente bringen die Gäste selbst mit:
- **La Casona del Molino,** Luis Burela y Caseros
- **La Vieja Estación,** Balcarce 885
- **Boliche Balderrama,** San Martín 1126, www.boliche-balderrama.com.ar

## Der Zug in die Wolken

Es geht bergauf. Ganz langsam quält sich der Zug die altersschwachen Gleise hoch. In Salta ist er auf 1187 m Höhe losgefahren, jetzt ist auf 3500 m Höhe die Puna erreicht. Von links grüßt der 5950 m hohe Nevados de Acay, und bald sind wir am Ziel, dem Viadukt La Polvorilla auf gut 4000 m, kurz hinter dem Dörfchen San Antonio de los Cobres. Was für ein Endpunkt: Eine 224 m lange Stahlbrückenkonstruktion mit Stützpfeilern, die in 63 m Höhe ein Tal überspannt, eine Art Eiffelturm in der Andenwüste.

Um Salta mit den Kupfer-, Salpeter- und Boraxminen im argentinischen und chilenischen Hochland sowie dem chilenischen Pazifikhafen Antofagasta zu verbinden, hatte man 1921 mit dem Bau einer Eisenbahn über die Anden. 1929 war der erste Teil bis San Antonio de los Cobres, einem traurigen Ort auf 3775 m Höhe, vollendet. Mit Brücken, Schleifen, Zickzackpassagen und Eisenviadukten versuchte man die Höhe zu überwinden, doch die Arbeiten gingen immer zögerlicher voran. Erst 1948 war die argentinisch-chilenische Grenze am 3852 m hohen Socompa-Pass erreicht. 529 km Gleise hatte man in Argentinen verlegt, auf der chilenischen Seite waren es bis Antofagasta noch einmal 372 km.

1973 hatte man die Idee, Touristen die Bahnreise anzubieten. Seither fährt der **Tren a las Nubes,** der »Zug in die Wolken«, von Ende März bis Mitte November einmal wöchentlich, im Juli öfter. Der Luxuszug bietet 500 Passagieren Platz; über Kopfhörer wird die Strecke vorgestellt. Der Ausflug bis zum Viadukt La Polvorilla beginnt um 7 Uhr morgens. Gegen 22 Uhr ist man zurück in Salta. Der Trip kostet knapp 100 US-$ und sollte früh gebucht werden.

2007 stand der Touristenzug wegen des Entzugs der Betreiberkonzession still; 2008 soll er wieder regelmäßig fahren. Info beim Tourismusamt Salta (s. S. 65) und unter www.trenalasnubes.com.ar.

**Movitrack,** Buenos Aires 39, Tel. 4 31 67 49, Fax 4 31 53 01, www.movitrack.com.ar. Per umgebautem allradgetriebenem Lkw in die Puna: so spektakulär wie der Tren a las Nubes – ohne Schienen.

**San Miguel de Tucumán → *Quilmes → *Salta → La Quiaca    Tour 3**

## Nordwärts zur bolivianischen Grenze

Der Bus von Salta nach Jujuy fährt wie die meisten Reisenden die längere, jedoch besser ausgebaute Strecke über General Güemes. Schöner aber ist die Ruta 9, obwohl der Weg über die kurvenreiche und enge, von tropischem Wald gesäumte Straße mehr Zeit in Anspruch nimmt

### San Salvador de Jujuy ㉘

Die Hauptstadt (180 000 Einw.) der gleichnamigen Provinz hat dem Besucher recht wenig zu bieten. Lediglich die **Kathedrale** an der Plaza – wegen der wundervollen holzgeschnitzten Kanzel – und die **Iglesia San Francisco** – wegen der schönen Barockarchitektur –, nur einen Steinwurf westlich an der Ecke Belgrano/Lavalle, lohnen einen zweiten Blick.

Stilvolles Kaffeehaus: die **Confitería Carena,** Belgrano 899.

Auf dem **Mercado del Sur** in der Nähe des Busbahnhofs (an der Ecke Dorrego/Iguazú) verkaufen die Indianer der Umgebung ihre Waren.

Infobüro, Gorriti 295, www.jujuy.gov.ar/turismo

**Flugverbindungen:** BA, Tucumán, Córdoba, Santiago del Estero.
**Busverbindungen:** BA, Córdoba, Tucumán, Salta, La Quiaca, Humahuaca, Tilcará, San Pedro de Atacama (Chile).
**Mietwagen: Localiza,** Av. Almirante Brown 695. **Avis,** am Flughafen.

**Jujuy Palace,** Belgrano 1060, Tel. (0 88) 23 04 33, www.imagine.com.ar/jujuy.palace. Komfortabel, modernes Design. ○○

*Purmamarca – ein Bild (fast) wie zur Kolonialzeit*

### **Quebrada de Humahuaca

Etwa 40 km nördlich von Jujuy beginnt bei dem Ort Volcán die 130 km lange Schlucht, deren spektakuläre Felswände das Tal des Río Grande bis zur Kleinstadt Humahuaca begleiten.

Tal und Straße steigen an: Jujuy liegt auf 1552 m Höhe, Humahuaca auf 2939 m.

Durch die Quebrada de Humahuaca führte einst eine alte Straße der Inka. Ihr folgten auch die Spanier und später die Missionare. Deshalb kann man in vielen Orten wie beispielsweise **Purmamarca** und **Tilcará** ㉙, einer kolonialen Kleinstadt, schöne Kirchen bewundern.

Bekannt ist Tilcará vor allem wegen der **Pucará,** einem alten indianischen Wehrdorf in etwa 1 km Entfernung vom Zentrum. Es wurde gut restauriert und sein Archäologisches Museum lohnt den Besuch.

### Humahuaca ㉚

Das alte Städtchen, der Endpunkt der Schlucht, besitzt an der Plaza eine sehr schöne alte **Dorfkirche.** Der Innenraum ist mit Kaktusholz, dem gängigen Baumaterial der Gegend, verkleidet und birgt sehenswerte Bilder der Malschule von Cusco (Peru).

**Karte Seite 63**

**Tour 3** Andengipfel und Kolonialstädte

Über Kirche, Plaza und Cabildo erhebt sich das absurd große **Monumento a la Independencia,** das den indianischen Beitrag im Kampf um die Unabhängigkeit von Spanien glorifiziert.

Statt des Monuments sollte man eher das **Museo Folklórico** besuchen, in dem man etwas über die Lebenssituation der Indianer erfährt, speziell auch über den indianischen Karneval, der hier sehr ausgelassen über mehrere Tage gefeiert wird.

**Residencial Humahuaca,** Córdoba 401, Tel. (08 87) 42 11 41. Freundlich, gut und sauber, die netteste Unterkunft im Dorf. ○

Humahuaca besitzt auch einen guten **Kunsthandwerkermarkt.** Hier werden u. a. die typischen Kleidungsstücke der Hochlandindianer verkauft.

### In der Puna

Hinter Humahuaca steigt die Straße schnell an; der asphaltierte Teil der Strecke geht zu Ende. Die Landschaft wird zunehmend karger. Dann ist man auf einer 3700 m hoch gelegenen Wüste, der **Puna,** wie der südliche Ausläufer des bolivianischen Altiplano heißt. Ab und zu säumen typische Siedlungen wie **Abra Pampa** ㉛, die aus wenigen Lehmziegelhäusern bestehen, die Straße.

**La Quiaca** ㉜, der Grenzort zu Bolivien, liegt auf 3442 m. Am Busbahnhof herrscht hier genauso viel Gedränge wie am Übergang nach Bolivien. In Gruppen sieht man die Coya zusammenstehen; die Frauen dieses Indianerstammes tragen mehrere Röcke in verschiedenen Farben übereinander und auf dem Kopf bunte, melonenartige Hüte – beides Traditionen, die erst in der Kolonialzeit entstanden sind.

---

### Über Haarnadelkurven und Hochplateaus

Hören die Serpentinen denn gar nicht mehr auf? Eine enge Kurve nach links, eine lange, steile Gerade, eine Kurve nach rechts. Mühsam schraubt sich die Straße hinter Purmamarca den Berg hinauf. Von fern schimmert der **Cerro de los Siete Colores,** der »Berg der sieben Farben« im Mittagslicht.

Purmamarca liegt 2192 m hoch, Susques 3675 m, der Paso de Jama 4200 m. Auf 284 km werden 2000 Höhenmeter überwunden, 1200 m davon auf den ersten 50 km. Danach bewegt man sich auf Höhen zwischen 3300 und 4000 m über eine einzigartige Hochebene. Wer ein Faible für extreme Höhenlagen hat, sollte sich den Blick auf Sechstausender wie **Nevados de Chañi** (6200 m) oder **Nevados Queva** (6130 m) nicht entgehen lassen. Diese Tour verlangt jedoch eine sorgfältige Planung. Man kann den Paso de Jama mit einem normalen Pkw überqueren, allerdings eignet sich ein Wagen mit Allradantrieb besser. Auf jeden Fall sollte man an zwei Ersatzreifen und genügend Benzin denken.

Tankstellen gibt es nur in Purmamarca und in San Pedro de Atacama, dazwischen liegen etwa 450 km! Die Strecke bis zum Paso de Jama und zurück beträgt 570 km. Zweimal wöchentlich fährt auch ein Bus von Jujuy über den Pass nach San Pedro de Atacama.

**Tour 4**

# Im Herzen Argentiniens

**Mendoza → San Luis → Sierra de Córdoba → \*\*Córdoba → La Rioja → \*\*\*Parque Provincial Talampaya → \*\*\*Valle de la Luna → San Juan → Mendoza (ca. 2200 km)**

Mondlandschaften mit bizarren Sandsteinskulpturen in den Naturparks Talampaya und Valle de la Luna, der leuchtende Schneegipfel des Aconcagua, des höchsten Berges von Amerika, die schönsten Rebgärten des Landes, das größte Bierfest Argentiniens in der deutschen Mustersiedlung Villa General Belgrano – auf etwa 2200 km stellt diese Tour durch die Cuyo-Region das gesamte Landschaftsspektrum Argentiniens vor. Cuyo bedeutet in der Sprache der Quechua »sandige Erde«.

Wüstenhaft wirkt die Umgebung von Mendoza, der größten Stadt in den beiden Cuyo-Provinzen San Juan und Mendoza keineswegs, jedoch ist alles Grün einzig künstlicher Bewässerung zu verdanken. Hier wird der meiste und beste Wein produziert, und mit dem geflügelten Wort »zwischen Mendoza und San Juan sein« beschreibt man in Argentinien gerne den Zustand angeheiterter Weintrinker.

Mit dem Auto sollte man etwa zwei Wochen einkalkulieren, jedoch auch mit dem Bus ist die Rundfahrt zu bewerkstelligen. Den Start- und Zielort Mendoza erreicht man am besten mit dem Flugzeug.

## Mendoza ㉝

Die Stadt (700 000 Einw.) unterscheidet sich von vielen Städten Argentiniens durch ihre breiten Alleen. Manche Argentinier könnte die Ruhe in der Provinzhauptstadt schon beinahe langweilen.

Mendoza wurde bereits 1561 gegründet, aber 1861 durch ein Erdbeben nahezu vollständig zerstört. Die letzten älteren Bauten fielen einem weiteren Beben 1965 zum Opfer. So präsentiert sich Mendoza als moderne Stadt und – wegen der Erdbebengefahr – meist nur mit drei- bis vierstöckigen Gebäuden.

An herkömmlichen Sehenswürdigkeiten ist Mendoza arm, abgesehen von dem innenstadtnahen **Parque San Martín** mit Zoo, Rudersee, Tennisplätzen und einem Fußballstadion.

Das Denkmal auf dem **Cerro de la Gloria,** dem »Ruhmeshügel«, erinnert an die Andenüberquerung des José de San Martín (s. S. 26).

Ein **Weinmuseum** darf hier nicht fehlen, schließlich kommt ein Großteil des argentinischen Weines aus der Mendoza-Region. Es liegt im Stadtteil Maipú an der Avenida Peltier 611 (Di–Fr 9–13, 16–20, Sa, So 10–13 Uhr), wie auch die großen **Bodegas** Giol und Peñaflor, die besichtigt werden können. Das traditionelle Weinfest, die *Fiesta Nacional de la Vendimia,* findet Anfang März statt.

Den besten Überblick über Mendoza bietet die Dachterrasse des **Palacio Municipal** (Av. 9 de Julio 500). Er überragt mit seinen zehn Stockwerken alle anderen Gebäude der Stadt.

Ecke Av. San Martín/Garibaldi. Prov. Mendoza: Av. San Martín 1143; www.turismo.mendoza.gov.ar

**Tour 4  Im Herzen Argentiniens**

**Flugverbindungen:** Buenos Aires, Córdoba, Neuquén, Río Gallegos, Santiago de Chile.
**Busverbindungen:** BA, Córdoba, San Luis, La Rioja, San Juan, Salta, Tucumán, Bariloche, Santiago de Chile.
**Mietwagen: Localiza,** Gutiérrez 453;
■ **Dollar,** Primitivo de la Ruta 931

**Aconcagua,** San Lorenzo 545, Tel. (02 61) 5 20 05 00, www.aconcaguahotel.com. In Anbetracht des gebotenen Service und Komforts nicht zu teuer; freundliche, moderne Zimmer; gutes Restaurant; Pool. ○○○
■ **NH Cordillera,** Av. España 1324, Tel. 4 41 64 64, www.nh-hoteles.com. Schönes Stadthotel im typischen Design der spanischen NH-Kette. ○○○

In der Fußgängerzone Paseo Sarmiento liegt ein Restaurant neben dem anderen. Schön ist das **Café del Teatro,** Ecke Chile/Espejo.

## Zum **Aconcagua

Zwei Routen führen von Mendoza (757 m) zum Paso de la Cumbre (3854 m), dem Grenzpass zwischen Argentinien und Chile, auf dem immer ein eiskalter Sturm bläst, sodass eine dicke Jacke unbedingt ins Reisegepäck gehört. Beide Wege treffen in Uspallata (1650 m) zusammen.

### Die Nordroute
Die streckenmäßig kürzere Tour ist zeitaufwändiger, dafür aber abwechslungsreicher. Sie verläuft über **Villavicencio** ❹ (1700 m), aus dessen Quellen das beste Mineralwasser des Landes sprudelt, und steigt danach auf einer Schotterpiste steil zum Pass *****Cruz de Paramillo** (3000 m) an.

Von der Passhöhe hat man einen wunderbaren Rundblick: Im Westen erhebt sich bizarr der ****Aconcagua** (6959 m), im Nordwesten der **Cerro Mercedario** (6770 m), im Südwesten der **Cerro Tupungato** (6800 m). Danach geht es bergab nach Uspallata.

### Die Südroute
Man gelangt zunächst zum Thermalbad **Cacheuta** ❺. Das warme Wasser der Quellen nutzt das dortige Hotel u. a. zum Betrieb einer Natursauna.

Vorbei am Wintersportort **Potrerillos** erreicht man Uspallata. Auf dem Weg zum Puente del Inca liegt ein weiteres Wintersportgebiet, **Los Penitentes,** das zu den bekanntesten des Landes zählt.

****Puente del Inca,** die »Inkabrücke« (2700 m), ist kein Baudenkmal, sondern ein Kunstwerk der Natur. Erosion und Ablagerungen stark mineralischer und schwefelhaltiger Quellen haben einen Bogen von etwa 20 m Höhe und 28 m Breite über den Río Mendoza gespannt. In der schwefelhaltigen heißen Quelle, die hier entspringt, kann man baden.

Puente del Inca ist auch der wichtigste Ausgangspunkt für die Besteigung des Aconcagua. In der Hostería hängen Flaggen von Bergsteigergruppen aus aller Welt.

**Hostería Puente del Inca,** Reservierung: Tel. (03 61) 4 38 04 80. Das einzige Hotel in der Umgebung; besser vorbestellen. Mittelklasse. Je nach Zimmer ○–○○

Nach einigen Kilometern in Richtung der chilenischen Grenze eröffnet sich zur Rechten ein absolut atemberaubendes Aconcagua-Panorama. In 15 km Entfernung thront das majestätische Massiv, dessen Scharten und Kanten so abweisend wirken, dass man meinen könnte, es sei kaum zu bezwingen. Links der Straße bietet

*Kunstwerk der Natur: Puente del Inca*

*Der Aconcagua ist mit 6959 m Amerikas höchster Gipfel*

sich ein trauriges Bild: Der Bergsteigerfriedhof erinnert mit Gedenksteinen an diejenigen, die beim Gipfelsturm ihr Leben lassen mussten.

Von hier aus geht es auf geschotterten Serpentinen steil hinauf zum

## Steinerner Wächter

Der höchste Amerikas, der höchste der Südhalbkugel, der höchste der westlichen Hemisphäre und der höchste außerhalb von Asien – vier Superlative, die auf einen Berg zutreffen, den 6959 m hohen **\*\*Aconcagua.** Der Name leitet sich von dem Quechua-Wort *acko-cauak* (»steinerner Wächter«) ab. Der Gipfel liegt in einem Naturschutzgebiet, das 71 000 ha umfasst.

Die Erstbesteigung wird dem Schweizer Matthias Zurbriggen zugeschrieben, der am 18. Januar 1897 den Gipfel erklomm. 1985 fand man in der Südostflanke auf 5300 m ein Indianergrab aus präkolumbischer Zeit; der »steinerne Wächter« dürfte also bereits vor Ankunft der Spanier bis in große Höhen bestiegen worden sein. Zurbriggen gelangte über die eisfreie Nordroute, die auch heute noch von den meisten Bergsteigern gewählt wird, zum Gipfel.

Um sein Ziel in etwa zehn Tagen über die Nordflanke zu erreichen, braucht man keine Erfahrung im Extremklettern, aber eine ausgezeichnete Kondition, exzellente Ausrüstung und vor allem richtige Akklimatisierung. Die erste Stufe dazu sind Touren rund um Puente del Inca auf 3000 m Höhe. Von dort geht es weiter zur **Plaza de Mulas** in 4200 m, wo das höchstgelegene Hotel der Welt steht (Tel. 02 61/ 38 03 83, Buchen von Führern dort möglich; ○–○○○). Zwischen der Plaza de Mulas und dem Gipfel werden in der Regel zwei Basislager errichtet, eines auf ca. 5300 m Höhe auf dem Sattel **Nido de Cóndores,** wobei man nach dem ersten Aufstieg dort nicht nächtigen darf, sondern zur langsamen Anpassung des Körpers zunächst zum Hotel zurückkehrt. Das zweite Lager liegt auf 6100 m. Info für Bergsteiger unter www.aconcagua.com.ar und www.grajales.net (s. auch S. 34).

**\*\*Paso de la Cumbre** ㊱. Der unvergessliche Ausblick und die schmale holprige Piste mit den engen Haarnadelkurven sind nichts für Fahrer mit schwachen Nerven.

Oben steht neben einer verfallenen Grenzstation die Statue des **Cristo Redentor** (Christus als Erlöser) vor dem stahlblauen Himmel. Sie wurde 1904 von Argentinien und Chile gemeinsam aufgestellt, nachdem die beiden Länder auf Vermittlung des englischen Königs Edward VII. hin ihre Grenzstreitigkeiten in der Region beigelegt hatten.

## San Luis ㊲

245 km gut asphaltierter Straße trennen Mendoza von San Luis (70 000 Einw.), der Hauptstadt der gleichnamigen Provinz. Die Strecke führt durch schütteres Weideland mit Salzausblühungen.

Das beschauliche Landstädtchen präsentiert sich ereignislos und ist vielleicht gerade deshalb reizvoll. Während der Siesta wirkt das schmale Zentrum wie ausgestorben, abends flaniert man von der Plaza Pringles entlang der Avenida San Martín zur Plaza Independencia und über die parallel verlaufende Avenida Rivadavia wieder zurück.

i Infobüro in der Calle Junín, gegenüber der Post.
www.sanluis.gov.ar

**Flugverbindung:** Buenos Aires.
**Busverbindungen:** Buenos Aires, Mendoza, Córdoba.

**Qintana,** Av. Pte. Arturo Illia 546, Tel. (0 26 52) 43 84 00, www.hotelquintana.com.ar. Neues, komfortables Stadthotel. ○○

*Auf Schotterserpentinen steil hinauf zum Paso de la Cumbre*

## Gebirge im Osten

Weite Pampalandschaft begleitet die nächsten 250 km: Unendliche Weiden im Westen, im Osten zunächst die bis 2150 m ansteigende **Sierra de San Luis** und später die schroffen Höhen der **Sierra de Córdoba.** Pampine Sierren heißen die lang gezogenen Gebirgsketten, die wie Inseln aus der innerargentinischen Ebene ragen.

Die Sierra de Córdoba, mit 500 km der längste dieser Höhenzüge, ist ein beliebtes Erholungsgebiet. Allerdings gibt es nur in manchen Gemeinden (z. B. In Villa General Belgrano, s. S. 73) markierte Wanderwege.

Die Hochregionen der Sierra lassen sich am besten vom Erholungsort **Mina Clavero** ㊳ (915 m) aus erkunden. Östlich der Stadt liegt der **Cerro Champaquí,** der mit 2884 m höchste Gipfel des Gebirges.

i **Centro de Información turística,** Av. San Martín 1664 Tel. (0 35 44) 47 01 71,
www.minaclavero.gov.ar

**Mendoza → San Luis → \*\*Córdoba → San Juan → Mendoza    Tour 4**

*Jesuiten begründeten den Reichtum der Estancia de Alta Gracia*

## Villa Carlos Paz ㊴ und Villa General Belgrano ㊵

**Villa Carlos Paz** wurde 1914 von dem Großgrundbesitzer Carlos Nicandro Paz an einem Stausee gegründet. Die Lage schien attraktiv für Touristen, und tatsächlich ist Villa Carlos Paz heute ein beliebtes Urlaubsziel: Im Januar drängen sich die Massen durch die Kleinstadt.

In Villa Carlos Paz zweigt eine Straße nach Süden ab. Sie führt durch eine bezaubernde Berg- und Seenlandschaft nach **Alta Gracia,** das um eine lange Zeit jesuitische Estancia aus dem Jahr 1588 entstand.

Danach folgt **Villa General Belgrano.** Wie die meisten Orte in der Sierra de Córdoba ist die Kleinstadt ganz auf den Tourismus ausgerichtet. Für Argentinier hat sie richtig Exotisches zu bieten: Villa General Belgrano wurde von Deutschen, Österreichern und Schweizern gegründet und besiedelt, die aus ihrer Herkunft kein Geheimnis machen. Im Gegenteil, der Ort lebt von Wiener Schnitzel, Würsteln mit Kraut, Kirsch- und Apfelkuchen. Bierseidel mit dem Wappen von München – die Renner in den Kunsthandwerkläden – sind ebenso begehrt wie die mit dem Wappen von Berlin oder Köln.

★ Größten Andrang erlebt Villa General Belgrano zu den Festen: In der Karwoche findet das **Fest der Wiener Torten** statt, im Juli das **Fest der Alpenmilchschokolade** und im Oktober natürlich das **Oktoberfest,** das größte Bierfest Argentiniens.

ℹ Plaza José Hernández, Tel. (0 35 46) 46 13 72, www.vgb.org.ar. Eine Kartenskizze der Wanderwege ist hier erhältlich.

**Busverbindung:** Córdoba.

## \*\*Córdoba ㊶

In der Provinzhauptstadt und mit 1,2 Mio. Einwohnern zweitgrößten Metropole des Landes erleichtert der Schachbrettgrundriss die Orientierung. Das kompakte Zentrum erstreckt sich von der Plaza San Martín aus über jeweils etwa fünf Blöcke *(cuadras)* in alle Himmelsrichtungen.

Córdoba trägt den Beinamen *La Docta,* die Gebildete, denn Jesuiten riefen hier schon 1614 die erste Universität Argentiniens ins Leben; noch heute bestimmen die etwa 80 000 Studierenden das Stadtbild.

An der **\*Plaza San Martín** mit einem Reiterdenkmal des Freiheitshelden stehen zwei der schönsten Kolonialgebäude von Córdoba: der **Cabildo** aus dem Jahr 1785 und die **Kathedrale.** Der Cabildo mit seinem auffälligen Arkadenumgang beherbergt heute u. a. das Historische Museum.

Mit dem Bau der Kathedrale begann man 1574; erst 1782 wurde sie vollendet. Sie präsentiert sich deshalb als Stilmix mit romanisch nachempfundener Kuppel, barocken Türmen

**4** Karte Seite **75**

**Tour 4   Im Herzen Argentiniens**

und einem klassizistischen Portikus. Die ersten Pläne lieferten jesuitische Baumeister, ausgeführt wurden sie aber von indianischen Künstlern, weshalb man an den Türmen auch die für sie typischen Verzierungen entdeckt.

Die schönste unter den vielen Kirchen ist die der ehemaligen Jesuitenkongregation, die *Iglesia Compañía de Jesús (1640–1671) an der C. Obispo Trejo mit ihrer strengen Fassade und dem strahlenden barocken Inneren.

Das **Museo Provincial de Historia Marqués de Sobremonte** besitzt eine große Sammlung religiöser Bilder und Möbel aus der Kolonialzeit (C.Rosario de Santa Fé 218; Di–Fr 8.30–13.30, 15.30–20, Sa, So 10–13 Uhr).

Karte Seite 75

Plaza San Martín und im Busbf., www.cordobaturismo.gov.ar

**Flugverbindungen:** in größere Städte.
**Busverbindungen:** gute Nah- und Fernverbindungen.
**Mietwagen: Avis,** Corrientes 452
- **Budget,** Av. Figueroa Alcorta 50
- **Dollar,** Av. Chacabuco 163
- **Hertz,** Marcel T. de Alvear 251

**Panorama,** Marcel T. de Alvear 251, Tel. 4 10 39 00, www.nh-hotels.com. Zentral, luxuriös, 140 Zimmer mit Internetanschluss. ○○○
- **Cañada,** Marcel T. de Alvear 580, Tel. 4 21 46 49, www.hoteldela caniada.com.ar. Gehobene Mittelklasse, mit gutem Restaurant. ○○
- **Sussex,** San Jerónimo 125, Tel. 4 22 90 70, www.hotelsussex cba.com.ar. Etwas altmodisch, 110 ordentliche Zimmer, zentral. ○○

Preiswerte und gute Cafés findet man nahe der Universität auf der Calle Obispo Trejo. In vielen Restaurants wird mittags ein Buffet angerichtet (Preis nach Gewicht).

Die Straßen **25 de Mayo, Rosario de Santa Fé** und **Obispo Trejos** sind im Stadtzentrum blumengeschmückte Fußgängerzonen. Vor allem auf der Obispo Trejos finden sich zahlreiche *galerías,* überdachte Shoppingcenter. Das größte liegt aber einige Schritte von der Fußgängerzone entfernt: Es ist der Patio Olmos an der Ecke von V. Sarsfield und dem Boulevard San Juan.

## Abstecher: Mar Chiquita ㊷

Der See, etwa 200 km nordöstlich von Córdoba, überrascht mit seinen gigantischen Ausmaßen: 1900 km², eine Fläche weit mehr als dreimal so groß

**Mendoza → San Luis → \*\*Córdoba → San Juan → Mendoza    Tour 4**

wie der Bodensee. Der See, wörtlich übersetzt heißt sein Name, »kleines Meer«, wird vorwiegend vom Río Dulce gespeist, der sein Bett 1822 veränderte.

Seither fließt einer seiner Arme durch die Salinas de Ambargasta und schwemmt von dort große Salzmengen in das Mar Chiquita. Je nach Zuflussmenge der anderen Quellen hat der See heute einen Salzgehalt zwischen 15 und 35 %, d. h. in Spitzenzeiten ist die Salzkonzentration zehnmal so hoch wie in Meerwasser.

In **Miramar,** einem vor allem bei Argentiniern beliebten Ferienort am Seeufer, findet man Hotels aller Kategorien.

## Von Cordoba nach La Rioja

In der Kleinstadt **Cosquin** ㊸, etwa 60 km nordwestlich von Córdoba im Punillatal, wird jedes Jahr Ende Januar das wichtigste internationale Folklorefestival Argentiniens abgehalten: Mit Musik aus aller Herren Länder, Ausstellungen, Diskussionsforen und jeder Menge Kunsthandwerk erwartet den Besucher ein kunterbuntes Programm. Das gute **Folkloremuseum** vermag Besucher mit internationalem Kunsthandwerk zu begeistern, ansonsten ist es hier eher ruhig bis verschlafen.

Wer die Sierra de Córdoba über La Falda und Cruz del Eje verlässt, überschreitet bald die Grenze zur Provinz

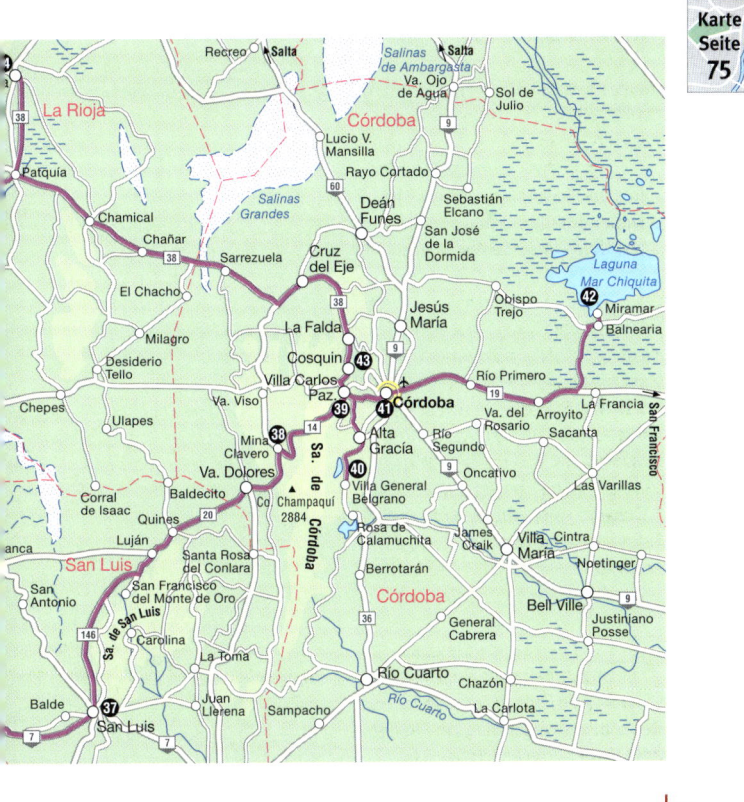

**4**
Karte Seite 75

## Tour 4  Im Herzen Argentiniens

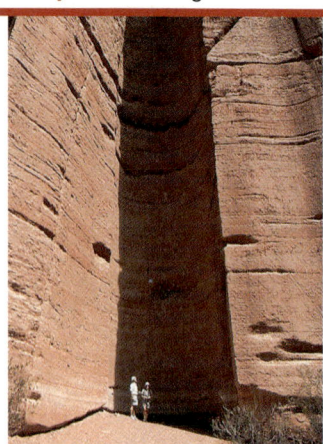

*Talampaya: Regen und Wind haben den Stein skulptiert*

*Im Abendlicht glühen die Felsen der »verlorenen Stadt«*

La Rioja, wo wegen des trockenen Klimas vorwiegend Wein, Nüsse und Oliven angebaut werden.

## La Rioja ㊹

Die ruhige Provinzhauptstadt ist das Tor zum Talampaya-Park. Das **Archäologische Museum** mit Fundstücken präkolumbischer Kulturen sowie der **Franziskanerkonvent** mit dem Bildnis des »Niño Alcalde« (Jesus als Kind) lohnen den Besuch. Die **Kirche Santo Domingo** wurde 1623 von Diaguita-Indianern erbaut.

**i** Av. Juan D. Perón/Ecke Urquiza, auch für Parque Talampaya. www.larioja.gov.ar/turismo

**Flugverbindungen:** BA, Catamarca.
**Busverbindungen:** BA, Córdoba, Mendoza, San Juan, Salta.

**Plaza Hotel,** San Nicolás de Bari Oeste, 502, Tel. (0 38 22) 42 52 15, www.plazahotel-larioja.com. Neu, gut gelegen, modernes Design, eher kleine Zimmer; mit Pool. ○○

## ⭐ ***Parque Provincial Talampaya ㊺

Talampaya bedeutet in der Quechua-Sprache »trockenes Tal des Tala«, und als eine Wüstenlandschaft kann man die Region tatsächlich beschreiben. Heiß und trocken sind die Tage, kalt und trocken die Nächte; im Frühjahr peitschen Stürme über das Land und im Sommer mitunter sintflutartige Niederschläge. Wind und Wetter schufen in Jahrmillionen eine faszinierende Landschaft: Cañons, die bis zu 170 m fast senkrecht abfallen, sowie fantastische Sandsteinformationen.

Mitten in dem 270 000 ha großen Naturpark liegt die sog. **Ciudad Perdida** (»verlorene Stadt«), ein Tal mit einem Sammelsurium unterschiedlich geformter Sandsteinfelsen. Das Tal war lange Zeit bewohnt. Felszeichnungen verschiedener präkolumbischer Kulturen, deren Bedeutung allerdings bislang nicht entschlüsselt werden konnte, belegen dies. Sie stellen Menschen oder Tiere dar, mitunter sind es auch abstrakte Formen.

Für die Besichtigung bietet sich eine der geführten Touren an, wie sie die Reisebüros in La Rioja organisieren: **Yerba Bueno,** Calle H. Irigoyen 49; **Yafra Turismo,** Calle Lamadrid 170 zwischen C. P. Luna und Bazán y Bustos.

**Mendoza → San Luis → \*\*Córdoba → San Juan → Mendoza   Tour 4**

## \*\*\*Valle de la Luna ㊺

Der Parque Provincial Talampaya ist nur ein kleiner Ausschnitt aus einer grandiosen Naturlandschaft, die sich in der südlichen Provinz San Juan fortsetzt. Auch dort stehen die von der Erosion geschaffenen Steinskulpturen unter Schutz, und zwar im **Parque Provincial Ischigualasto,** der meistens als »Mondtal« bezeichnet wird.

Das Valle de la Luna führt Besucher zurück in die Urgeschichte. Wissenschaftler wiesen nach, dass sich hier ein bis zu 800 km langer und 15 km breiter See erstreckte, in dem es bereits vor 190 bis 230 Mio. Jahren Leben gab. Auf dem Areal wurden u. a. die ältesten Saurierskelette der Welt gefunden. Am besten schließt man sich einer geführten Tour an.

*In den trockenheißen Gebieten überraschen blühende Kakteen*

Empfehlenswerte Veranstalter von Touren ab San Juan:
**Condor Expediciones,** C. San Martín s/n, Barreal (Calingasta), Tel. (0 26 48) 44 11 44 oder Mobil 1 55 04 83 86
**Fascinatur,** C. San Martín 1085 (Oeste), Tel. (02 64) 4 22 77 09 oder Mobil-Tel. 1 55 04 39 33

## San Juan ㊼

Am 15. Januar 1944 erschütterte die Provinzhauptstadt (300 000 Einw.) das schwerste Erdbeben in der Geschichte des Landes. 10 000 Menschen starben, mehr als vier Fünftel aller Gebäude wurden zerstört. Danach wurde die Stadt erdbebensicher wieder aufgebaut und überstand so ein Beben im Jahr 1977 relativ unbeschadet.

Die wichtigste Sehenswürdigkeit ist das **Geburtshaus** von Expräsident Sarmiento (s. S. 30). Ausgestattet mit Originalmobiliar vermittelt es einen Eindruck von dieser produktiven, gebildeten Persönlichkeit. Das **Naturwissenschaftliche Museum** (Museo de Ciencias Naturales; Av. San Martín, Ecke Catamarca) besitzt einige wenige attraktiv dargebotene Funde aus dem Valle de la Luna, darunter ein 230 Mio. Jahre altes Rincosaurierskelett.

**i** Das Infobüro befindet sich Ecke Sarmiento/Av. San Martín.
www.turismo.sanjuan.gov.ar

**Karte Seite 74**

**Flugverbindungen:** Buenos Aires, Córdoba, Mendoza.
**Busverbindungen:** Buenos Aires, Córdoba, La Rioja, Salta, Vallecito.
**Mietwagen:** Parque Automotor, Ecke España/San Martín, Tel. 4 22 60 18.

**Alkázar,** Laprida 82 (Este), Tel. (02 64) 4 21 49 65, www.alkazarhotel.com.ar. Architektonisch vielleicht kein Juwel, aber tadelloser Service und viel Komfort. ○○
**Central,** Mitre 131 (Este), Tel. 4 22 31 74. Freundliches Quartier, zentral, aber ruhig gelegen. ○○
**Hotel Jardin Petit,** 25 de Mayo, 345 (Este), Tel./Fax (02 64) 4 21 18 25, www.jardinpetithotel.com.ar. Nettes 60-Zimmer-Hotel in subtropischem Garten. ○○

**Club Sirio Libanese »El Palito«,** Entre Ríos 33 (Sur). Arabische Küche in schönem Ambiente. ○○

## Difunta Correa

**Vallecito,** etwa 60 km östlich von San Juan und per Bus zu erreichen, ist eines der bekanntesten Wallfahrtsziele. Hier wird Difunta Correa, eigentlich María Antonia Deolinda Correa, verehrt. Der Legende nach machte sich die Frau aus der Region im Bürgerkrieg 1841 mit ihrem Säugling auf dem Rücken auf, um ihrem von den Truppen des Caudillo F. Quiroga verschleppten Mann zu folgen. Sie verlief sich in der Wüste und verdurstete. Eine Gruppe von Maultiertreibern fand Tage später ihren Leichnam. Das Kind aber lebte und lag saugend an der Brust seiner Mutter. An diesem Ort entstand die Wallfahrt zur »entschlafenen Correa«.

Obwohl Difunta Correa nicht heilig gesprochen wurde, pilgern die Argentinier zu Tausenden nach Vallecito. Denn sie verbindet zwei Stereotypen ihres Frauenbildes: das der treuen Frau und der sich opfernden Mutter.

Die Gläubigen bringen Devotionalien, die sich in mehreren Kapellen stapeln. Selbst gezimmerte Schreine für Difunta Correa, die oft an Landstraßen zu sehen sind, finden sich hier zu Hunderten. Difunta Correa gilt als Patronin der Reisenden. In den Schreinen liegen deshalb häufig Geld und Autoreifen, mitunter auch gefüllte Wasserflaschen – nicht nur als Opfer: In vielen Gebieten ist Wasser so selten, dass die Gabe Leben retten kann (www.visitedifuntacorrea.com.ar).

## Tour 5

# Patagonische Tierwelt

**Puerto Madryn → \*\*\*Península Valdés → Trelew → Gaiman → \*\*Punta Tombo (ca. 450 km)**

Graubraune Erde, stoppelige Grasbüschel, ein stürmischer Wind: Als walisische Siedler um 1865 an der patagonischen Küste landeten, waren sie bitter enttäuscht. Mit fruchtbarem Land hatte man sie gelockt, aber außer dem ewig tiefblauen und weiten Himmel schien die neue Heimat nichts zu bieten. Heute steht man fasziniert vor den alten, typisch walisischen Häusern, die vom Heimweh europäischer Einwanderer künden. An der Küste reiht sich eine Tierkolonie an die nächste: Millionen von Pinguinen, Seelöwen und See-Elefanten tummeln sich auf der Península Valdés, und im Frühjahr kommen Wale, um sich dort zu paaren.

Für einen Besuch der Küste um die Península Valdés sollte man eine Woche einplanen. Am besten bucht man ein Hotel in Puerto Madryn oder auf der Halbinsel selbst und macht per Mietwagen Ausflüge. Nach Puerto Madryn kommt man per Flugzeug und Bus von Buenos Aires aus, bessere Verbindungen bietet Trelew.

## Puerto Madryn ❹

Die Kleinstadt (50 000 Einw.) lebt primär von der Fischerei und vom Tourismus und wirkt angenehm ruhig. Nur im Ferienmonat Januar

**Puerto Madryn → \*\*\*Península Valdés → \*\*Punta Tombo   Tour 5**

kann es am breiten Sandstrand mitunter recht voll werden.

Der Stadtspaziergang ist schnell absolviert: Man schlendert die beiden Einkaufsstraßen auf und ab, dann die Strandpromenade entlang und zuletzt zur Mole, wo die Fischer am späten Nachmittag ihre Fänge anlanden.

Wer sich für Meerestiere interessiert, sollte das **Museo Oceanográfico y Ciencias Naturales** (Ecke Domec Garcí/Menéndez) aufsuchen.

⭐ Direkt am Strand werden Ausflüge mit dem Schiff angeboten; auch Bootsverleih.

ℹ An der Strandpromenade Julio A. Roca 223, Tel. (0 29 65) 45 35 04 oder 45 60 67, www.madryn.gov.ar/turismo

**Flugverbindungen:** Comodoro Rivadavia, Buenos Aires, Río Gallegos, Ushuaia; bessere Verbindungen ab Trelew (s. S. 83).
**Busverbindungen:** Buenos Aires, Neuquén, Comodoro Rivadavia, Río Gallegos, Trelew, Rawson.
**Mietwagen: Cuyun Co,** Roca 71
■ **Localiza,** Belgrano 196
■ **Rent a Car,** Roca 227

🏠 **Península Valdés,** J. Roca 155, Tel. (0 29 65) 47 12 92, www.hotelpeninsula.com.ar. Komforthotel; geräumige Zimmer und Suiten mit Meerblick, gutes Restaurant. ◐◐
■ **Hotel Bahía Nueva,** J. Roca 67, Tel. (0 29 65) 45 16 77, www.bahianueva.com.ar. Freundliche, helle Räume; gutes Frühstück. ◐◐
■ **Vaskonia,** 25 de Mayo 43, Tel. 47 25 81. Freundlich, ruhig. ◐

🍴 **Parrilla Estela,** R. S. Peña 27, Tel. 45 15 73. Sehr gute Fleischgerichte, aber auch Fisch. ◐◐

*See-Elefanten buddeln sich behagliche Sandbetten*

⭐ **\*\*\*Península Valdés** ㊾

Die Halbinsel umfasst 3265 km² und zählt wegen ihrer einzigartigen Tierwelt zum UNESCO-Welterbe. Unweit nördlich der Landenge, die sie mit dem Festland verbindet, ragt die **Isla de los Pájaros** aus dem Meer. Dieses Eiland soll Antoine de Saint-Exupéry zu der berühmten Auftaktzeichnung in »Der kleine Prinz« inspiriert haben: Die Schlange, die einen Elefanten verschluckt hat, sieht nämlich tatsächlich aus wie der Umriss der »Vogelinsel«.

Um die Vögel auf der Isla de los Pájaros im Golfo San Matías beobachten zu können, braucht man ein beson-

Karte Seite 79

**Tour 5**  Patagonische Tierwelt

*Hoch aufgerichtet versuchen See-
löwenbullen zu imponieren*

ders gutes Fernglas. Die Insel selbst dürfen nur ausgewiesene Ornithologen betreten.

Große Kolonien von See-Elefanten leben an der **Punta Norte**, eventuell kann man vor der Küste schwarzweiße Schwertwale (Orcas) beobachten. Südlich davon, bei **Caleta Valdés**, aalen sich ganze Völker von Seelöwen, während der Strand unterhalb der Steilküste bei der **Punta Delgada** ein wahres Paradies für See-Elefanten ist.

Viele Tourismus-Links bietet www.enpeninsulavaldes.com

**Faro de Punta Delgada,** Tel. (0 29 65) 45 84 44, www.puntadelgada.com. 27 geschmackvoll eingerichtete Zimmer in einem ehemaligen Leuchtturm. ○○

In **Puerto Pirámides** stehen als Übernachtungsquartier zwei einfache Hotels und ein Campingplatz zur Auswahl. Von hier aus starten während der Saison (Juli–Dez.) Bootstouren zur Walbeobachtung.

Beobachtungen von Walen (zwischen Mai und Dezember) und anderen Tierarten der Region bieten mehrere lokale Veranstalter an. Empfehlenswert aufgrund langjähriger Erfahrung ist z. B. **Jorge Schmid**, Puerto Pirámides, Tel. (0 29 65) 49 51 12, www.puntaballena.com.ar.

## Schwimmkünstler

Es prustet. Sanft und langsam teilt eine mächtige Dreiecksflosse die Wasseroberfläche. Eine zweite folgt. Dicht an dicht schwimmen zwei Bartenwale in etwa 10 m Entfernung vorbei. Nur 5 m trennen sie nun vom Schlauchboot, aber die Meeressäuger lassen sich nicht stören. Schließlich drehen sie ab.

Jedes Jahr zwischen Mai und Dezember kreuzen vor der Küste der Halbinsel Valdés die Wale, und zwar Vertreter der Barten- und Zahnwale. Bartenwale wie der hier lebende *Ballena Franca Austral* **(Südlicher Glattwal,** lat. *Eubalaena australis*) ernähren sich von Plankton und Krill, Zahnwale wie etwa Delfine oder der **Schwertwal** (lat. *Orcinus orca*) von Fischen; allerdings kann ein Schwertwal auch einen Seehund fressen, daher der irreführende Name Killerwal. Beiden Gruppen ist die waagerechte Schwanzflosse gemeinsam sowie die dicke Fettschicht (Blubber) als Schutz gegen Kälte und die Nasenlöcher (Spritzlöcher) weit hinten auf der Oberseite des Kopfes. Schwertwale halten sich meistens im offenen Meer auf. Sie können bis zu 10 m lang werden und ein Gewicht von annähernd 1000 kg erreichen.

## Trelew

Im Industrie- und Handelszentrum Trelew (90 000 Einw.) erledigen die walisischen Siedler aus dem Tal des Río Chubut ihre Einkäufe. Das **Museo Regional** vermittelt Regional- und Naturgeschichte (Av. Fontana/9 de Julio), das **Museo Paleontológico Egidio Feruglio** gegenüber zeigt bis zu 300 Mio. Jahre alte Fossilien (Parque Paleontológico Bryn-Gwyn, www.mef.org.ar).

Informationsbüro: C. Pellegrini 780, Tel. (0 29 65) 43 15 19, www.trelewpatagonia.gov.ar

---

Der Südliche Glattwal ist noch größer als der Schwertwal: Die Weibchen erreichen etwa 13 m, die Männchen sind etwa 1 m kürzer. Das Gewicht dieser Riesen beträgt bis zu 40 Tonnen, ihre übergroßen Köpfe nehmen fast ein Viertel der Körperlänge ein. Zur Paarung und um ihre Jungen zu gebären ziehen die Südlichen Glattwale in den Golfo Nuevo; von Puerto Pirámides aus kann man sich ihnen dann gefahrlos mit dem Boot nähern.

Bei den **Südlichen See-Elefanten** (lat. *Mirounga leonina*) und **Seelöwen** lassen sich nur Männchen gut voneinander unterscheiden: Während die See-Elefanten ein voluminöser, aufblasbarer Rüssel »schmückt«, tragen die Seelöwen eine Art Mähne. Den Weibchen fehlen diese ausgeprägten Merkmale. Männliche See-Elefanten werden im Mittel 5 m lang und 2500 kg schwer, manches Prachtexemplar bringt es auf 7 m und 4500 kg. Die Weibchen sind nicht viel kleiner, aber wesentlich leichter, bei 5 m Länge wiegen sie nur rund 500 kg.

Gerade mal halb so groß und beinahe leichtgewichtig sind die Männchen der Seelöwen: 2,5 m Körpermaß bei 300 kg –, die Weibchen (1,8 m) bringen zwei Zentner auf die Waage. Die polygamen Männchen der Seelöwen und See-Elefanten können bedrohlich wirken; man sollte sich nicht zu dicht an sie heranwagen. Sie sind kampferprobt, weil sie ihren Harem gegen Rivalen verteidigen. Seeelefanten robben, während sich Seelöwen auf ihre Vorderflossen gestützt fortbewegen.

Die **Magellan-Pinguine** (lat. *Spheniscus magellanicus*) trifft man an den Küsten des südlichen Südamerika überall an, ihre größte Kolonie haben sie an der Punta Tombo. Sie sind leicht von anderen Arten zu unterscheiden: Mit 50–60 cm sind sie kleiner und mit etwa 5 kg auch erheblich leichter als ihre bekannteren Verwandten, die Königs- und Kaiserpinguine. Außerdem umrandet ein weißer Kringel ihr schwarzes Gesicht, und ein weißer Streifen verläuft über die Brust zu den Flügeln. Wie ihre größeren Artgenossen können Magellan-Pinguine mit ihren Stummelflossen zwar perfekt rudern, aber nicht fliegen. Was die Partnerschaft betrifft, sind sie ausgesprochen treu: Die Pärchen bleiben ihr Leben lang zusammen. Das Weibchen legt jährlich ein bis drei Eier, die von beiden Elternteilen ausgebrütet werden, und für die Jungtiere übernehmen sie gemeinsam die Verantwortung.

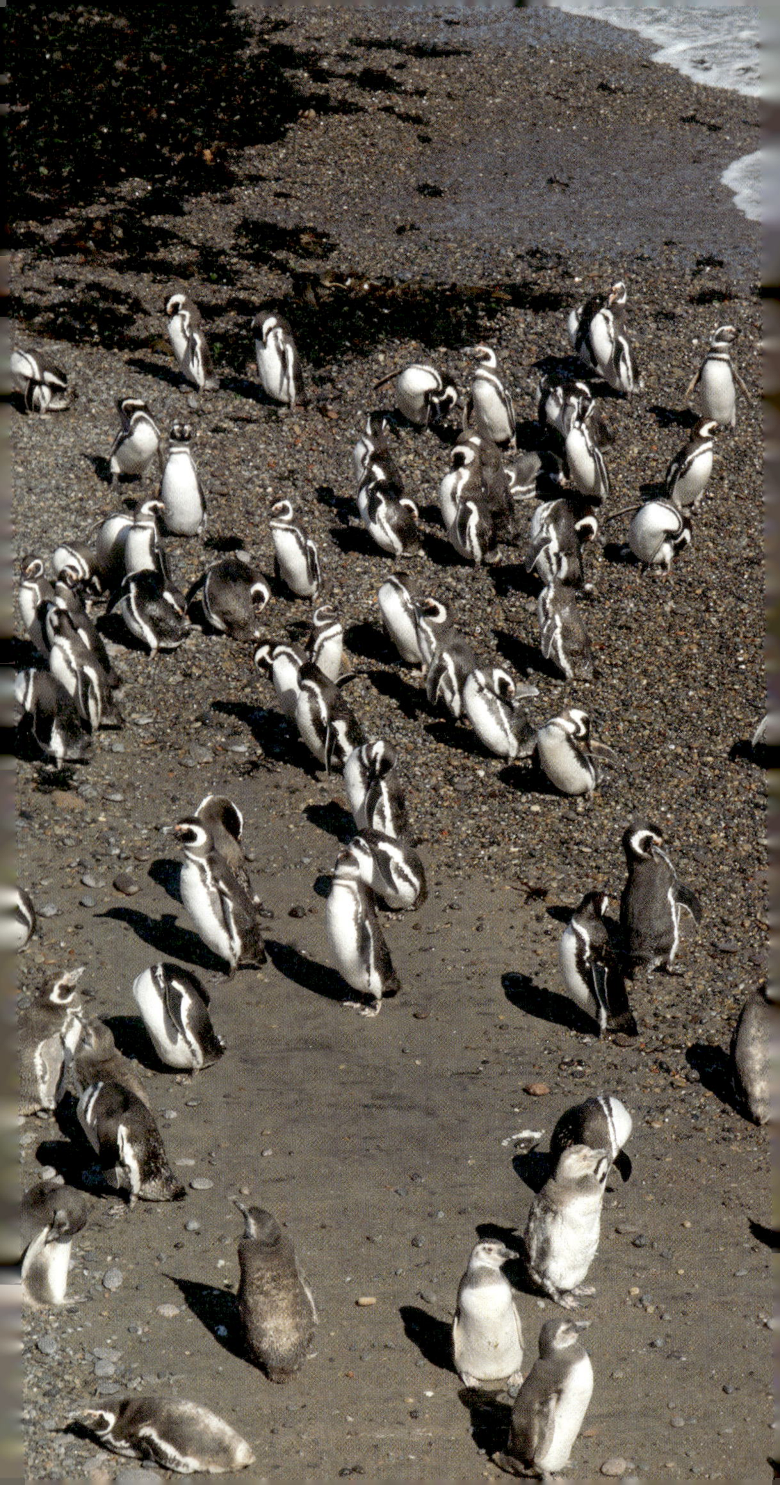

**Flugverbindungen:** BA, Comodoro Rivadavia, Río Gallegos, Ushuaia.
**Busverbindungen:** BA, Comodoro Rivadavia, Río Gallegos, Puerto Madryn, Gaiman.
**Mietwagen:** Alle großen Firmen haben ein Büro am Flughafen.

**Rayentray,** San Martín/Belgrano, Tel. (0 29 65) 43 47 02, www.cadenarayentray.com.ar. Hochhaus im Stadtzentrum; 110 geräumige und komfortable Zimmer. ○○○
■ **Touring Club,** Av. Fontana 240, Tel. 43 39 98, www.touringpatagonia.com.ar. Alt und stilvoll, oft ausgebucht; gutes Café. ○○
■ **Galicia,** 9 de Julio 214, Tel. 43 38 02, www.hotelgalicia.com.ar. Zentral, freundlich, gut für den Preis. ○○

## Gaiman ⓛ und **Punta Tombo** ⓛ

Gaiman präsentiert sich als herausgeputztes walisisches Musterdorf, das viel Gemütlichkeit verströmt.

Tee wird in vielen Häusern angeboten, dazu Fruchtkuchen nach Uromas Rezept. Zwei Empfehlungen:
■ **Casa de Té Gaiman,** Yrigoyen 738
■ **Plas y Coed,** Miguel D. Jones 123

Zur **Punta Tombo** führt eine knapp 100 km lange, teils nur geschotterte Piste. Öffentliche Verkehrsmittel gibt es nicht; man muss ein Auto mieten oder eine Tour buchen. Pinguine trifft man in Punta Tombo, der weltgrößten Kolonie von Magellan-Pinguinen (siehe S. 81), auf jeden Fall. Sie haben keine Scheu vor Menschen, sodass man sie aus der Nähe beobachten kann.

*Punta Tombo: Pinguine, Pinguine ...*

### Tour 6

# Die »argentinische Schweiz«

**Esquel → *Nationalpark Los Alerces → El Bolsón → San Carlos de Bariloche → ***Nationalpark Nahuel Huapi → **Nationalpark Los Arrayanes – San Martín de los Andes→ Junín de los Andes (ca. 700 km) → **Nationalpark Lanín**

Das nördliche Patagonien bietet am Andenrand eine eigentümlich sanft-wilde Mischung, die viele Besucher anzieht. Blau, Weiß und je nach Jahreszeit Grün, Braun oder Rot sind die vorherrschenden Farben: Strahlend blau leuchten Himmel und Seen, grün zieht sich im Sommer der dichte Mischwald die Hänge hinauf, und schneeweiß funkeln die Berggipfel im Sonnenlicht. Wanderfreunde können sich wochenlang in der wundervollen Berglandschaft der Nationalparks aufhalten. Drei beliebte Schutzgebiete wetteifern hier um ihre Gunst: Los Alerces, Nahuel Huapi und Lanín.

Für die Tour sollte man mindestens eine Woche einkalkulieren. Das beste Verkehrsmittel ist ein Auto; die Strecke lässt sich aber auch ebenso gut mit öffentlichen Verkehrsmitteln bewältigen. Per Flug kommt man schnell nach Esquel.

## Esquel ⓛ

Das südliche Zentrum des Seengebiets (25 000 Einw.) ist ein günstiger Ausgangspunkt für einen Besuch des

Nationalparks Los Alerces. Wer sich über die ersten Siedler, die Waliser, informieren möchte, sollte das Museum in **Trevelín** (Busverbindung) 25 km südwestlich von Esquel besuchen.

Aus dem Jahr 1929, den Gründerzeiten also, stammt der **\*Trencito**, der Esquel mit dem 120 km nördlich gelegenen El Maitén verbindet. Früher verkehrte die Schmalspurbahn sogar bis Ingeniero Jacobacci – eine Fahrt über 380 km, die 18 bis 20 Std. dauerte (Tel. 0 29 45/45 14 03, www.latrochita.org.ar).

Paul Theroux beschreibt unter anderem die Fahrt mit der Schmalspurbahn des Trencito in seinem Buch **Der alte Patagonien-Express** (dtv 1997).

Informationsbüro Av. Alvear/ Sarmiento, www.esquel.gov.ar

**Flugverbindungen:** Buenos Aires, Bariloche, Comodoro Rivadavia, Trelew, Ushuaia.
**Busverbindungen:** Bariloche, Trelew, Comodoro Rivadavia
**Mietwagen: Focaci,** 9 de Julio 740

### Das geheimnisvolle Kleeblatt

Bereits 1901 waren die drei Fremden, zwei Männer und eine Frau, ins Land gekommen; 1904 hatten sie sich in Cholila, 50 km nördlich von Esquel, niedergelassen. Sie hatten Land gekauft und einen kleinen Laden aufgemacht. Die Frau stand dort hinter dem Tresen, die beiden Männer übten sich in schwerer Landarbeit. Niemand ahnte, wer die drei waren, und niemand dachte darüber nach, warum sie hierher gekommen waren. Das war auch besser für sie, denn Robert Leroy Parker hatte es unter dem Namen **Butch Cassidy** zu Berühmtheit gebracht, Harry Longabaugh genoss legendären Ruf als **Sundance Kid,** die Dritte im Kleeblatt hieß **Etta Place.** In Nordamerika gab es Ende des 19. Jhs. keinen Staat, in dem sie nicht gesucht wurden; vor allem die Detektive von Pinkerton waren ihnen hartnäckig auf den Fersen.

Doch das Landleben schien die drei nicht auszufüllen, erst recht, nachdem 1905 ihr Kumpan Harvey Lorgan eingetroffen war. Sie begannen wieder mit ihrem alten, einträglicheren Geschäft und überfielen Banken. 1905 traf es El Banco Anglo Sudamérico in Río Gallegos, 1907 die Bank in Villa Mercedes mehr als 1000 km weiter nordwestlich in der Provinz San Luis. 1907 schließlich verkauften sie die Farm, und damit verloren sich die zuverlässigen Spuren.

Angeblich wurden sie – so will es auch der Film – im Dezember 1909 beim Überfall auf das Büro einer Goldmine in Bolivien erschossen. Die Detektive von Pinkerton berichten dagegen von ihrem angeblichen Tod bei einem Schusswechsel mit uruguayischen Polizisten 1911. Möglich ist, dass beide Tode inszeniert waren, hatte Butch Cassidy doch immer geplant, sich in Südamerika »erschießen« zu lassen, um ungestört in den USA leben zu können. Etta Place soll 1924 in Chicago gesehen worden sein.

**Esquel → San Carlos de Bariloche → Junín de los Andes   Tour 6**

*In der »argentinischen Schweiz«*

*Der typische Baum des Südens ist die Araukarie*

🏠 **Angelina,** Av. Alvear 758, Tel. (0 29 45) 45 27 63. Freundlich, sauber, gutes Essen. ○○
▍**Residencial Esquel,** San Martín 1040, Tel. (0 29 45) 45 25 34. Freundlich und gut. ○

## *Nationalpark Los Alerces ㊴

Der Nationalpark liegt 60 km westlich von Esquel im Grenzgebiet zu Chile. Er umfasst mehr als 260 000 ha und dient dem Schutz der alten Alercen, einer Nadelbaumart, die von den Spaniern fälschlich als Lärche bezeichnet wurde und als Patagonische Zypresse (lat. *Fitzroya cupressoides*) bekannt ist. Im Park haben wahre Methusalems dieser Bäume die Weltenläufe überdauert: Auf mehr als 3500 Jahre schätzt man ihr Alter.

Zu den typischen Bäumen des Parks zählt auch die Araukarie. Mit ihren ausladenden Ästen erinnert sie stark an eine Tanne, allerdings sind die Zweige nicht mit Nadeln besetzt, sondern mit dicken Schuppen. Wie die Alercen sind Araukarien immergrün.

Herzstück des Parks ist der **Lago Futalaufquén.** In dem gleichnamigen Dorf an seinem Südende hat die Nationalparkverwaltung ihren Sitz. Angler bekommen dort während der Fangsaison (ab 15. Nov.) ihre Lizenz, Wanderer eine simple Karte mit einigen markierten Wegen.

Wer im Park campen will, kann sich in Villa Futalaufquén mit dem Notwendigsten versorgen. Dort gibt es auch einige Unterkünfte.

🏠 **Hostéria Futalaufquen,** Tel. (0 29 45) 47 10 08, www.brazosur.com.ar. Sehr schöne Natur-Lodge mit großem Tourenprogramm. ○○○

## Von Esquel Richtung Norden

Von Esquel folgt die Ruta 40 (asphaltiert) dem Andenrand nordwärts. Nach 100 km zweigt links die Ruta 258 nach El Bolsón ab. Sie führt am **Nationalpark Lago Puelo** ㊵ vorbei, der fantastische Angel- und ebenso gute Wandermöglichkeiten bietet. Der Zugang erfolgt über den Ort Lago Puelo, in dem der **Albergue El Turbio** Pferde und Boote verleiht.

**6 Karte Seite 86**

**Tour 6** Die »argentinische Schweiz«

## El Bolsón 56

Die Kleinstadt (8000 Einw.) liegt in einem engen Tal mit mildem Klima. Man lebt vom Fremdenverkehr und dem Verkauf von Kunsthandwerk (Do und So Markt), aber auch vom Anbau von Hopfen, Gemüse und Obst.

**i** Am Hauptplatz, der Plaza Pagano. Touren in den Nationalpark Lago Puelo organisiert **Turismo Translago,** Perito Moreno 360, Tel. (0 29 44) 49 25 23.

**Busverbindungen:** Bariloche, Esquel.

**La Casona de Odile,** Barrio Luján, Tel. (0 29 44) 49 27 53, odile@elbolson.com. Sehr nette Öko-Lodge etwas außerhalb. ○○

■ **El Arroyito,** Tel. 49 27 15, www.el arroyito.com.ar. Clubhotel 5 Autominuten außerhalb von El Bolsón. ○○

■ **Cabañas Martha,** Gob. Castello 3215, Tel. 49 81 05, www.elbolson.com/martha. Nettes Holzhaus, familiäre Atmosphäre. ○○

★ Der lokale **Flugverein** bietet Rundflüge über die Andengipfel an (ab 70 US-$ pro Stunde, bis zu drei Passagiere). Info unter Tel. 49 24 12.

## San Carlos de Bariloche 57

Nur knappe 100 km trennen El Bolsón von San Carlos di Bariloche; der Bus braucht dennoch mehr als drei Stunden. Dafür entschädigt unterwegs das Panorama: leuchtende Mischwälder, Berge, ab und an ein Fluss mit milchig trübem Gletscherwasser. Ein tiefblauer Lago Nahuel Huapi, wunderbare Ausblicke auf Schneegipfel, nahe Gletscher – kein Wunder, dass die Umgebung von San Carlos auch die Schweiz Argentiniens heißt.

Aus dem Alpenraum kamen die ersten Siedler. Sie bau-

**Esquel → San Carlos de Bariloche → Junín de los Andes**  Tour 6

*Im pseudoschweizerischen Stil: das Centro Cívico in San Carlos de Bariloche*

*Für viele der schönste See Argentiniens: Lago Nahuel Huapi*

ten ihre Häuser im alpenländischen Stil. Ezequiel Bustillo beispielsweise kopierte mit seinen Entwürfen für das Centro Cívico im Stadtzentrum in den 1930er-Jahren Schweizer Chalets. Der Bau beherbergt das ausgezeichnete Museo de La Patagonia, das an die Ureinwohner der Region, die Vuriloche-Indianer, erinnert. Auch über andere Indianerstämme sowie über die Naturgeschichte der Gegend informiert das Museum. Man bemüht sich im 100 000-Einwohner-Ort, das Alpenimage hochzuhalten: Hier wird die beste Schokolade Argentiniens hergestellt, und Hotels heißen Edelweiß oder Tirol. Die meisten Touristen besuchen die Stadt nur kurz und brechen von hier zu ausgedehnten Touren in den Nationalpark Nahuel Huapi auf.

**Centro Cívico,** Tel. (0 29 44) 42 58 68, www.bariloche.org. Hier ist eine Liste freier Hotel- und Privatzimmer sowie die Adresse eines **Fahrradverleihs** erhältlich. Infos auch bei **Club Andino,** 20 de Febrero 30
▪ **Verwaltung des Nationalparks Nahuel Huapi,** San Martín 24, www.bariloche.com

**Flugverbindungen:** Buenos Aires, Río Gallegos, Neuquén, Chile.
**Busverbindungen:** Buenos Aires, Río Gallegos, Mendoza, Neuquén, Esquel, El Bolsón, Chile.

**Llao Llao,** Península Llao Llao, Tel. (0 29 44) 44 85 30, www.llaollao.com. Absoluter Luxus, außerhalb der Stadt, eines der am schönsten gelegenen Hotels des Landes (s. Abb. S. 36). ○○○
▪ **Hostería Tirol,** Pasaje Libertad 175, Tel. 42 61 52, www.hosteriatirol.com.ar. Sehr freundlich, deutschsprachig. ○○
▪ **Residencial Rosán,** Güemes 715, Tel. 42 31 09. Deutschsprachig. ○

**Cassis,** España 268, Tel. 43 13 82. Wild- und Fischgerichte. Bekannt und gut. ○○
▪ **Blest,** Av. Bustillo, Km 11,6. Beliebtes Bierlokal mit Hausgebrautem. ○○
▪ Auf der Av. Mitre bieten viele Restaurants Fondue und Wildgerichte an.

## ***Nationalpark Nahuel Huapi

Der Nationalpark, ein rund 760 000 ha großes Gebiet an der chilenischen Grenze, wurde 1903 eingerichtet. Er zählt zu den größten, ältesten und beliebtesten Nationalparks Argentiniens – die atemberaubende Berglandschaft mit ihren unberührten Wäldern, den klaren Seen und imposanten Gipfeln verfehlt ihre Publikumswirkung nicht.

**Tour 6   Die »argentinische Schweiz«**

Das Schutzgebiet durchzieht der **Lago Nahuel Huapi**, ein stahlblauer Gletschersee mit einer Fläche von ca. 500 km². Er ist fast 100 km lang, und seine Finger bilden enge, von steil aufragenden Felsen gesäumte Fjorde. Der höchste Berg im Park ist der **Cerro Tronador** mit 3554 m. Der Nationalpark verfügt über eine gute touristische Infrastruktur mit zahlreichen Campingplätzen und *refugios* (Hütten) sowie Wanderwegen, die zum Teil markiert sind. Ausgangspunkt für Besucher ist Bariloche. Dort befinden sich die Verwaltung des Nationalparks und der Club Andino, bei dem man die besten Karten erhält.

Viele Reiseveranstalter (Adressen bei der Touristeninformation) organisieren Touren. Als beliebtester Ausflug gilt der sog. **Circuito Chico** (»kleine Rundfahrt«), eine Halbtagestour. Aufwändigere Unternehmungen, etwa mehrtägige Trekkingtouren durch den Nationalpark mit erfahrenen Führern, vermittelt das Büro des Club Andino (s. S. 87).

Statt die »kleine Rundfahrt« in einem halben Tag per Auto zu machen, empfiehlt es sich, ein **Fahrrad** zu mieten, einen Picknickkorb zu packen und den ganzen Tag unterwegs zu sein. Eine **Karte** vom Nationalpark bekommt man bei der Touristeninformation (s. S. 87), ebenso die Adresse eines Fahrradverleihs.

## Ruta de los Siete Lagos

Die Ruta de los Siete Lagos führt als Nebenstrecke von Bariloche nach San Martín de los Andes. Busfahrer ziehen die besser ausgebaute Hauptstrecke vor, doch die »Straße der sieben Seen« versöhnt durch ihre schöne Landschaft.

*Der Nationalpark Los Arrayanes schützt einen Myrtenwald*

Man verlässt Bariloche auf der Ruta 237 Richtung Neuquén und biegt hinter dem Ort links in die Ruta 231 ein. Bei Villa La Angostura erstreckt sich die lang gezogene Halbinsel Quetrihué mit dem kleinen **\*\*Nationalpark Los Arrayanes,** einem prächtigen Wald mit Myrtenbäumen.

Weiter nordwestlich mündet die Ruta 234 ein. Man folgt ihr nordwärts und befindet sich nun auf der eigentlichen Ruta de los Siete Lagos. Weit mehr als nur sieben Seen liegen direkt an der Straße oder ganz in der Nähe. Sie alle sind von duftenden Wäldern umgeben, doch zum Baden ist ihr klares Gletscherwasser leider zu kalt.

## San Martín de los Andes ⑤⑨

Die Kleinstadt (15 000 Einw.) erreicht man von San Carlos de Bariloche aus nach 185 km. Sie lebt vom Tourismus, im Sommer von den Besuchern, die in den nahe gelegenen Nationalpark Lanín wollen, und im Winter von erholungsbedürftigen Freizeitsportlern, die hier ihre Langlaufskier anschnallen.

Das gepflegte Stadtbild wirkt ein wenig langweilig; interessant ist noch das **Museo Regional Municipal,** das

**Esquel → San Carlos de Bariloche → Junín de los Andes    Tour 6**

über die mit der Kolonisierung ausgerotteten Indianerkulturen der Umgebung informiert.

**i** Rosas 790, am Hauptplatz. Vis-à-vis, in der C. Emilio Frey 790, ist die Verwaltung des Lanín-Parks untergebracht (www.smandes.gov.ar)

**Flugverbindungen:** Bariloche, Esquel, Neuquén.
**Busverbindungen:** BA, Zapala, Neuquén, San Carlos de Bariloche.
**Mietwagen: Avis,** San Martín 998.

**Hostería Plaza Mayor,** Tte. Cnel. Pérez 1199, Tel. (0 29 72) 42 73 02, www.hosteriaplazamayor.com.ar. Zentral gelegen, freundliche Zimmer, gemütlich und komfortabel. Mit Pool. ○○○
▎**Hostería Los Pinos,** Almirante Brown 420, Tel. 42 72 07. Mit schönem Garten, sehr freundlich, deutschsprachig. ○○

**La Reserva,** Belgrano 940, Tel. 42 87 34. Regionale Küche mit Anspruch. Sehr gut: Forellen in allen Varianten. ○○○

## Junín de los Andes ⓺⓪

Die Stadt (10 000 Einw.) ist für die meisten Reisenden nur eine Durchgangsstation, um in den Nationalpark Lanín zu gelangen. Andere kommen der fischreichen Flüsse der Region wegen, und wer sich beim *Club de Caza y Pezca Chimehuín* auf der Avenida San Martín 555 eine Lizenz besorgt, kann wahrscheinlich einige der größten Forellen seines Lebens fangen.

**i** An der Plaza, Milanesio/Suárez, Tel. (0 29 72) 49 11 42, www.junindelosandes.gov.ar/turismo. Dort befindet sich auch das Informationsbüro für den Nationalpark Lanín.

**Busverbindungen:** Buenos Aires, Zapala, Neuquén, San Carlos de Bariloche (über San Martín de los Andes).

**Estancia Huechahue,** Km 30 an der Straße nach Bariloche, Tel. (0 29 72) 49 13 03. Komfortabel, zwei Gästehäuser mit je drei Zimmern. Angebote zum Fischen, für Reitausflüge und Trekking. ○○○
▎**Posada Pehuén,** Colonel Suárez 560, Tel. 49 15 69. Warme Atmosphäre, hilfsbereite Besitzer. ○

## **Nationalpark Lanín

Der Nationalpark wurde 1903 eingerichtet. Ziel war es, in einem Gebiet von etwa 200 000 ha den patagonischen Andenwald, vor allem die Araukarie und die Südbuche, die hier *Rauli* heißt, zu schützen.

Der Hauptanziehungspunkt im Park, der 3768 m hohe **Volcán Lanín,** wirkt wie ein Feuerberg aus dem Bilderbuch. Der perfekte Kegel mit Schneekragen spiegelt sich im tiefblauen Wasser des Lago Huechulafquen. Dieser größte See der Schutzzone ist nur einer von vielen, denn insgesamt finden sich mehr als 20 kleine und größere Gewässer, an denen sich wunderbar zelten lässt.

Der **Lago Huechulafquén** lässt sich am besten von Junín aus erreichen. Am See liegt **Puerto Canoas,** der Stützpunkt der Parkaufseher. Ein Wanderweg führt von dort hinauf auf 2400 m Höhe, wo ein **Refugio** am Sattel des Volcán Lanín Übernachtungsmöglichkeiten bietet.

Geübte Bergsteiger können den Gipfel des Lanín vom Refugio aus mit Pickel und Steigeisen bezwingen.

**6**
Karte
Seite
**86**

**Tour 7**

# Am Ende der Welt

**Ushuaia → \*\*Nationalpark Feuerland → Río Grande → Porvenir (Chile) → \*Punta Arenas → Puerto Natales → \*\*\*Nationalpark Torres del Paine (Chile) → El Calafate → \*\*\*Nationalpark Los Glaciares (ca. 1200 km)**

Ein einziger Blick auf eine solche Küste reicht hin, um einen Menschen vom Festland eine Woche lang von Schiffbrüchen, Gefahr und Tod träumen zu lassen; und mit diesem Blick sagten wir für immer Feuerland Lebewohl.« So Charles Darwin im Juni 1834 nach seinem Aufenthalt. Genauso erschreckt und zugleich fasziniert wie über Feuerland äußerte er sich über die windzerzausten, wüstenartigen Ebenen und die steil aufragenden Berge in Südpatagonien.

Über die Magellanstraße, Seefahrerschreck früherer Jahrhunderte, geht es nordwärts zu riesigen Eisflächen und den bizarr aufragenden Gipfeln in den Nationalparks Torres del Paine (Chile) und Los Glaciares – Traumziele für Kletterer und Naturbegeisterte.

Bruce Chatwins Buch **In Patagonien** ist ein glänzender Reisebegleiter durch die Südspitze des Kontinents. Lebendig geschriebene Episoden erzählen von den ersten Einwanderern und ihren Nachfahren (Rowohlt Taschenbuch).

Für die Tour durch Feuerland und das südliche Patagonien sollte man mindestens zehn Tage einplanen. Am besten benutzt man öffentliche Verkehrsmittel, denn die Busverbindungen zwischen den Orten sind ausreichend und lange Autofahrten über Schotterpisten nicht jedermanns Sache.

## Feuerland

Die ersten Europäer hielten Feuerland für einen Teil der riesigen Landmasse, die sich in ihrer Vorstellung bis zum Südpol erstreckte. Die Pioniere der Weltumsegler suchten lediglich eine Durchfahrt zum Pazifik, und erst knappe 100 Jahre nach Magellans Durchsegelung der Meerenge 1520 erkannten 1616 zwei niederländische Kapitäne, dass Feuerland eine Inselgruppe ist.

### Ushuaia

Die Hauptstadt (50 000 Einw.) der Provinz Feuerland ist die einzige Stadt der Insel, die diesen Namen verdient. Eigentümlich zusammengeflickt aus ein paar hübschen Kolonialbauten, eilig hochgezogenen Betonburgen, Baustellen, Blech- und Bretterbuden, wirkt sie schön und hässlich zugleich. Den besten Blick auf Ushuaia hat man während des Anflugs oder vom Meer aus. Die Bucht umrahmen einige Rei-

> **Tierra del Fuego**
>
> Der Name Tierra del Fuego, Feuerland, bezeichnet zweierlei: einmal den gesamten Archipel, der aus vielen kleinen Eilanden und einer großen Insel besteht, und zum anderen die Hauptinsel Isla Grande de Tierra del Fuego. Diese ist etwa 47 000 km² groß; der Archipel, der oft auch zu Patagonien gezählt wird, umfasst ca. 73 500 km². Rund 80 000 Menschen leben hier.

hen farbig bemalter Häuser, dahinter ragen die Gipfel der Südkordillere auf.

Nicht versäumen sollte man das **Museo del Fin del Mundo** (Maipú, Ecke Rivadivia) und das ehemalige Gefängnis, das **\*Presidio** (Yaganes, Ecke Gob. Paz), denn Feuerland war 1902–1947 auch eine Sträflingsinsel. Das »Museum am Ende der Welt«, wo man einen Stempel für den Pass erhalten kann, zeigt frühe Fotografien, Kleidungstücke, Teile von Schiffswracks und indianische Kultgegenstände in wechselnden Ausstellungen. Zum Museum gehören eine Präsenzbibliothek mit Werken zu Feuerlands Geschichte und Kultur (auch auf Englisch) und ein Museumsladen.

In Ushuaia gibt es zahlreiche Veranstalter, die Touren anbieten. Lohnend sind die Ausflüge auf dem Beagle-Kanal mit kleineren Booten (z. B. »Tres Marías«) zum »Leuchtturm am Ende der Welt«, der die Einfahrt in die Meeresstraße markiert.

Av. San Martín 674,
Tel. (0 29 01) 43 20 00,
www.tierradelfuego.org.ar

### Die Indianer Feuerlands

Lange bevor die ersten Europäer nach Feuerland kamen, war der Archipel bewohnt. Ab 10 000 v. Chr. wanderten die ersten Indianer von Norden her auf die Inseln ein. Während der letzten Eiszeit überschritten sie wohl die Magellanstraße. Die Kolonisten berichteten im 17. Jh. von vier größeren Völkern auf den Inseln: Selk'nam, Haush, Alakaluf und Yamana.

Die *Selk'nam*, auch *Ona* genannt, lebten im nördlichen Teil der Hauptinsel vorwiegend von der Jagd auf Guanakos, aber auch von Wasservögeln, Meeressäugern und Muscheln. Die *Haush* siedelten im Osten der Hauptinsel in dem Gebiet, das gegenüber den Islas de los Estados liegt. Sie ernährten sich ebenfalls von der Jagd und unterschieden sich in ihren Lebensformen kaum von den Selk'nam. Die Haush bezeichneten sich selbst als *Manekenk* (»Menschen«). Die *Alakaluf* waren Kanunomaden und Kanujäger, die an beiden Ufern der Magellanstraße umherzogen, in Gebieten also, die heute zu Chile gehören. Sie ernährten sich vorwiegend vom Fischfang. Am Beagle-Kanal gab es gleichfalls Kanunomaden, die *Yamana*. Sie jagten in erster Linie Seelöwen, die wegen ihres hohen Fettgehalts eine wichtige Nahrungsquelle darstellten.

Gab es im 17. Jh. etwa 10 000 Ureinwohner auf den Inseln, so waren es 1910 noch ungefähr 350. In nur 50 Jahren, denn erst 1860 hatte die Besiedlung durch die Weißen begonnen, waren die Indianer fast ausgerottet worden. Die Europäer schleppten Krankheiten ein und zerstörten die Lebensgrundlage der Indianer durch Überjagung der Meeressäuger. Zu diesen Hauptursachen für das Massensterben kam die gewaltsame und erbarmungslose Landnahme – für einen toten Indianer wurde zu manchen Zeiten ein Pfund Sterling bezahlt.

**Tour 7   Am Ende der Welt**

*Der Leuchtturm am Ende der Welt*

*Abendhimmel auf Feuerland*

**Flugverbindungen:** BA, Río Gallegos, Trelew, Calafate, Río Grande.
**Busverbindungen:** Río Grande, Punta Arenas (Chile).

**Las Hayas Resort,** km 3,5 auf dem Weg zum Marcial-Gletscher, Tel. (0 29 01) 43 07 10, www.lashayas.com.ar. Herrschaftliches Anwesen im Stil einer zeitgemäßen Estancia; schöner Blick über die Bucht. ○○○
■ **Hotel Mustapic,** Piedrabuena 230, Tel. 42 17 18, www.tierradelfuego.org.ar/mustapic. Einzelzimmer, Frühstücksrestaurant auf dem Dach. ○○
■ **El Refugio del Mochilero,** 25 de Mayo 241, Tel. 43 61 29. Das Beste unter den Preiswerten. ○

**Volver,** Maipú 37. Tel. 42 39 77. Guter Fisch, exzellente Königskrabben *(centollas)*. ○○
■ **Tía Elvira,** Maipú 349, Tel. 42 47 25. Sehr populäres Lokal, u. a. gute Fischgerichte. ○○

Der Schmalspurzug **Ferrocarril Austral Fuegino** bummelt in 1 Std. von Ushuaia zur Bahía Lapataia (www.trendelfindelmundo.com.ar).

**\*\*Nationalpark Feuerland**
Der Park erstreckt sich über 63 000 ha etwa 20 km westlich von Ushuaia entlang der chilenischen Grenze. In seinem südlichen Teil wurde er für Besucher erschlossen, der Norden ist unzugänglich. Auf der Ruta 3 gelangt man direkt in das Schutzgebiet; Busse fahren zum einzigen Laden (auch Restaurant) im Park und weiter bis zur **Bahía Lapataia,** wo die Ruta 3 endet. Dort liegt auch der Endpunkt der **Panamericana,** der legendären Straße, die in Alaska beginnt und durch Amerika führt.

Viele lohnende **Wanderwege** sind kaum markiert, aber dennoch gut zu finden (Kartenskizzen und Informationen am Parkeingang). In manchen Gebieten, in denen eingeführte Biber den Wald zerstört haben, sind durch Überschwemmungen Sümpfe entstanden. Pinguine und andere Seevögel bevölkern die Küste, das Inland durchstreifen einige Guanakos.

**Von Ushuaia nach Porvenir**
Die Ruta 3 führt von Ushuaia aus nach Nordosten durch eine Gegend, die von Wäldern und Mooren geprägt ist. Diese Berglandschaft wird immer wieder durch kleine Hochtäler unterbrochen, bis das Ostufer des 100 km langen und 10 km breiten **Lago Fagnano** erreicht ist.

**Río Grande** ⑫ (35 000 Einw.), Zentrum der Schafzucht auf Feuerland, hat dem Besucher wenig zu bieten. Der Hafen mit seiner kleinen Raffinerie dient vor allem der Erdölproduktion. Für die meisten ist der Ort lediglich Durchgangsstation, da alle Wege zum Festland über Río Grande führen.

Co. San Lorenzo 3706
Lago Posadas
P.N. Perito Moreno
CHILE
Tucu Tucu
Tamel Aike
Co. Mellize Sur 3050
L. San Martín
Gdor. Gregores
El Salado
Pt. San Julián
La Federica
Mte. Fitz Roy 3375
El Chaltén
La Julia
Río Chico
Río Shehuen o Chalía
Tres Lagos
L. Viedma
Pt. Santa Cruz
Cdte. Luis Piedra Buena
Co. Norte 2730
P.N. Los Glaciares
Lago Viedma
Gendarme Barreto
L. Argentino
Pt. Bandera
El Calafate
El Cerrito
Santa Cruz
Bahía Grande
Esperanza
ATLANTISCHER OZEAN
Co. Paine Chico 2670
P.N. Torres del Paine
Tapi Aike
Cancha Carrera
2035
Co. Balmaceda
Yacimiento Río Turbio
El Turbio
Río Gallegos
Río Gallegos
Puerto Natales
CHILE
El Zurdo
Cabo Vírgines
Co. La Silueta 1825
Mte. Durney 1750
San Gregorio
Estrech de Magallane
I. Riesco
Co. Landrillero 1665
Seno Otway
Punta Arenas
Porvenir
Caleto Josefina
P. de Arenas
San Sebastián
Estrecho de Magallanes
Mte. Muela 1189
Península Brunswick
Bahía Inútil
Isla Grande de Tierra del Fuego
Río Grande
I. Santa Inés
I. Dawson
CHILE
Ea. San Justo
Ea. Marina
Ea. Sarmiento
Lago Fagnano
P.N. Tierra del Fuego
Ea. Carmen
Kaiken
Mte. Sarmiento 2235
Ushuaia
Pt. Almte. Brown
Cord. Darwin
Lapataia
Canal Beagle
I. Navarino
Pt. Harberton
PAZIFISCHER OZEAN
Bahía Nassau
TOUR 7
0
100 km
N
Cabo de Hornos (Kap Hoorn)

7

**Tour 7   Am Ende der Welt**

In der Lobby des Hotels Los Yaganes, Belgrano 319, Tel. (0 29 64) 42 56 66, www.riogrande.gov.ar

**Flugverbindungen:** Buenos Aires, Río Gallegos, Trelew, Calafate, Río Grande, Punta Arenas (Chile).
**Busverbindungen:** Ushuaia; Porvenir und Punta Arenas (Chile).
**Mietwagen: Avis,** El Cano 799.

**Atlántida,** Belgrano 582, Tel. (0 29 64) 43 19 14, www.tierradelfuego.org.ar/atlantida. Gesichtslos von außen, innen aber mit den gemütlichsten Zimmern. ○○
**Federico Ibarra,** Rosales 357, Tel. 43 20 82. Große gemütliche Zimmer, schöne Confitería. ○○

Hinter Río Grande folgt der Verlauf der Ruta 3 der Atlantikküste. Etwa 11 km nördlich der Stadt kommt man an einer Salesianermission vorbei, die im Jahr 1893 gegründet wurde – die erste Ansiedlung von Weißen im Stammesgebiet der Selk'nam. In den Räumen der Mission sind heute eine agrotechnische Schule und ein kleines Museum untergebracht.

**San Sebastián** ⊛ an der gleichnamigen Bucht ist der Grenzort zu Chile. Nach 50 km in westlicher Richtung erreicht man auf der Schotterstraße die **Bahía Inútil,** eine Bucht an der Magellanstraße, und nach weiteren 60 km **Porvenir** ⊛. Von dort kreuzen Fähren die Magellanstraße, die für die Überfahrt bis Punta Arenas 2,5 Std. benötigen.

## Reiseziel Antarktis?

Der »sechste Kontinent« ist eines der sensibelsten Ökosysteme der Welt und leicht zu schädigen: So braucht ein einfaches Moos, das niedergetreten wurde, etwa zehn Jahre, um sich wieder aufzurichten. Ca. 4000 Antarktisbesucher werden derzeit pro Jahr gezählt, Tendenz steigend, und die Vorschriften werden leider allzu häufig umgangen: Touristengruppen stören brütende Meeresvögel oder baden in den Warmwasserlagunen auf den Südshetlandinseln, die wissenschaftliches Sperrgebiet sind.

Seit den 1980er-Jahren, als die Ausbeutung ihrer Bodenschätze diskutiert wurde, setzt sich Greenpeace für den Erhalt der Antarktis als »Weltpark« ein. Mit Erfolg: Heute ist die Antarktis als Wildnispark, in dem jeder Rohstoffabbau untersagt ist (bis 2041), anerkannt. Nur wissenschaftliche Forschungsstationen dürfen bleiben, der Tourismus unterliegt strengen Auflagen.

Reiseveranstalter in Ushuaia organisieren Touren in die Antarktis. Kostenpunkt: 500–750 US-$ pro Person und Tag. Per Segelboot oder Dampfschiff passiert man die Drakepassage und besucht die Südshetlandinseln sowie die Westküste des antarktischen Archipels. Im Interesse des Naturschutzes sollte man von diesen Reisen absehen. Vergleichbare Landschaften und Tiere gibt es auch auf dem argentinischen Festland zu sehen.

Informationen: **Secretaría de Turismo de Tierra del Fuego & Antártida,** Ushuaia, Maipú 505, Tel. (0 29 01) 42 33 40

## Patagonien

### *Punta Arenas ⓖ

Das chilenische Punta Arenas ist die schönste Stadt (110 000 Einw.) in Patagonien. Am vermeintlichen Ende der Welt verblüfft sie mit einer reizvollen Plaza, einem gepflegten Stadtzentrum, schmucken alten Gebäuden, einem hervorragenden Museum und einem Friedhof, der lediglich in Buenos Aires seinesgleichen findet.

Bis zur Eröffnung des Panamakanals 1914 nahm der Schiffsverkehr die Route durch die hiesige Ost-West-Passage, die Fernão de Magalhães (Ferdinand Magellan) 1520 entdeckte. Die Stadt entwickelte sich deshalb zum Versorgungszentrum der Region.

Im verschnörkelten **Palacio de Sara Braun** an der Plaza hat sich ein Luxushotel etabliert. Das nahe **Stadtpalais Braun-Menéndez** von Sara Brauns Bruder Mauricio und dessen Frau Josefina Menéndez ist heute das lohnende **Museo Regional de Magallanes**. Ledersessel, französische Stofftapeten, vergoldete Kamingitter aus Flandern und ein Billardtisch aus England bezeugen, dass die Oberschicht schon damals zu leben verstand.

Nach dem Tod ließen sich die Reichen Monumente für die Ewigkeit setzen. Der **Friedhof** *(cementerio)* der Stadt ist inzwischen zum Nationaldenkmal erklärt worden. Streng wirkt der polierte schwarze Marmor der Familien Menéndez-Braun, verspielter das Grabmal mit lieblichen Engelsfiguren für José Menéndez.

An die indianischen Ureinwohner und ihr Schicksal seit der Eroberung der Region durch die Weißen erinnert das **Museo Regional Salesiano** (Av. Bulnes 374).

ℹ **Sernatur,** Waldo Seguel 689 (Plaza), www.sernatur.cl

**Flugverbindungen:** Chile: Santiago, Puerto Montt, Porvenir; Argentinien: Ushuaia, Río Gallegos.
**Busverbindungen:** Arg.: Río Gallegos, Río Grande; Chile: Puerto Natales.

🏠 **José Nogueira,** Plaza de Armas (ehem. Palacio de Sara Braun), Tel. (00 56 61) 71 10 00, www.hotelnogueira.com. Ausgezeichnetes Haus, bester Service und herrlicher Wintergarten. ○○○
■ **Hotel Finis Terrae,** Colón 766, Tel. 22 82 00, www.hotelfinisterrae.com. Modernes, komfortables Haus; die Betonbauweise im Skihüttenstil ist Geschmackssache. ○○
■ **Hostal Rubio,** España 640, Tel. 22 64 58, hostal_rubio@chileaustral.com. Sehr freundlich. ○

🍴 **Sotitos,** O'Higgins 1138. Wundervolle Meeresfrüchte, Spezialität: Königskrabben *(centollas)*. ○○

### Ausflug zur *Pinguinkolonie

Ein Ausflug von Punta Arenas zur Pinguinkolonie am Seno Otway westlich der Stadt lohnt sich wegen der mehr als 2500 Magellan-Pinguine (s. S. 81), die hier den Sommer in einer Wiesenlandschaft verbringen. Man muss etwas Geduld aufbringen, denn anders als an der Punta Tombo (s. S. 83) sind die Tiere hier scheu.

ℹ Ausflugsbuchung bei Reisebüros in Punta Arenas, z. B. **Turismo Pali Aike,** J. Menéndez 556.

### Puerto Natales ⓖ

Eine zweispurige asphaltierte Straße verbindet Punta Arenas mit Puerto Natales (15 000 Einw.). Die Kleinstadt (Informationsbüro Calle Bulnes 285) bietet sich als Ausgangspunkt für einen Besuch des Nationalparks Torres del Paine an (s. S. 96).

**Karte Seite 93**

**Tour 7  Am Ende der Welt**

**Busverbindungen:** Punta Arenas (Chile), Río Gallegos (Argentinien), El Calafate (Argentinien).

**Charles Darwin,** Bulnes 90, Tel (00 56 61) 41 24 78, www.hotelcharlesdarwin.com. Neues Haus: hell, sympathisch, gute Heizung. ○○
■ **Hostal Sir Francis Drake,** Philippi 383, Tel. 41 15 53, francisdrake@chileaustral.com. Neuerer Flachbau, relativ einfache, aber helle Zimmer, gutes Frühstück. ○○
■ **Casa Cecilia,** Tomás Rogers 60, Tel. 41 17 97. Deutschsprachig, freundlich, gutes Frühstück. ○

### ***Nationalpark Torres del Paine ❺

Der Nationalpark, ein 2000 km² großes Gebiet in den südchilenischen Anden, schützt eine atemberaubende Landschaft: Die windzerzauste patagonische Ebene trifft hier unvermittelt auf die Gipfel der Südkordillere, steil aufragende Berge, die sich wie eine uneinnehmbare Felsenburg aus Granit emportürmen. Der höchste Gipfel ist der 3050 m hohe **Cerro Torre Grande.**

Aus der Eiswand des **Grey-Gletschers** brechen immer wieder unter Getöse meterdicke Eisblöcke; Stücke sprenkeln selbst im Sommer die zahlreichen kleineren Gletscherseen.

Auf einem sechstägigen **Rundwanderweg** lässt sich der Park in seiner ganzen Schönheit bewundern. Allerdings sollte man nicht allein losgehen und eine sehr gute Ausrüstung dabeihaben. Das Wetter schlägt schnell um, unvermittelte Kälteeinbrüche gibt es häufig. Auch für kürzere Touren lohnt sich der Aufenthalt. Der Park ist leicht per Bus zu erreichen, und bietet unterschiedliche Quartiere – vom Luxushotel über Hosterias und einfache *refugios* bis hin zu Zeltplätzen (Reservierung Nov.–Febr. ratsam).

Informationen über den Nationalpark erhält man in Puerto Natales (s. S. 95 f.).

### Nach El Calafate

Um nach Calafate und zum Nationalpark Los Glaciares in Argentinien zu gelangen, überquert man die Grenze bei Río Turbio und nimmt dann die Ruta 40 Richtung Norden. Auch Busse befahren die abenteuerliche Schotterpiste durch die patagonische Wüste. Schon bald erreicht man das südliche Ufer des **Lago Argentino.** Mit einer Fläche von 1600 km² zählt der Gletschersee zu den größten Binnengewässern des Landes. Er wird von mehreren Gletschern gespeist.

### El Calafate ❻

Der Ort (7000 Einw.) lebt vom Tourismus. Er ist das Tor zum Nationalpark Los Glaciares und bietet eine Fülle von Unterkunftsmöglichkeiten, Restaurants und Reiseveranstaltern, die Touren zu den bizarr-wilden Eislandschaften im Park oder den Gipfeln des Fitz-Roy-Massivs organisieren.

Die Preise unterscheiden sich wenig; einen Überblick bekommt man bei einem Besuch der hilfsbereiten Touristeninformation. Angeboten werden u. a. kurze Trekkingtouren über den Perito-Moreno-Gletscher oder Bootsfahrten über den Lago Argentino zur bläulich schimmernden Wand des überdimensionalen Eisblocks. Zu den Gletschern im südlichen Teil des Schutzgebiets werden in der Regel Tagesausflüge unternommen, nur Camper können dort übernachten.

Julio A. Roca 1004, Tel. (0 29 02) 49 10 90, www.turismo.elcalafate.gov.ar

**Flugverbindungen:** Río Gallegos, Puerto Madryn, Río Grande, Ushuaia.

## Ushuaia → *Punta Arenas → El Calafate → ***Los Glaciares  Tour 7

*Upsala-Gletscher: Vom Boot aus erlebt man die bizarre Eiswelt*

**Busverbindungen:** Río Gallegos, Río Turbio, Puerto Natales (Chile).

**Hostería Kau-Yatún,** 25 de Mayo, Tel. (0 29 02) 49 10 59, www.kauyatun.com. Historische Estancia, gemütliche große Zimmer, Restaurant, organisiert Reitausflüge für Besucher. ○○○

**Kosten Aike,** Moyano 1243, Tel. 49 24 24, www.kostenaike.com.ar. Großes Haus; stilvoll, beinahe luxuriös, mit Wellness-Bereich. ○○○

**Hospedaje del Norte,** Los Gauchos 813, Tel. 49 11 17. Gemütliches Gästehaus, mit Küchenbenutzung, organisiert Ausflüge. ○○

### ***Nationalpark Los Glaciares ⑲

Der Park erstreckt sich über ein Gebiet von 600 000 ha. Wegen seiner spektakulären Natur – den Gletschern im südlichen Teil und den Felsentürmen des Fitz-Roy-Massivs im Norden – zieht er trotz seiner abgeschiedenen Lage zahlreiche Besucher an.

Die Gletscher sind Ausläufer des kontinentalen patagonischen Eises. Abgesehen von den beiden Polregionen lagert im Grenzbereich von Chile und Argentinien die größte zusammenhängende Eismasse der Erde: Mit einer Ausdehnung von insgesamt 22 000 km² ist das Gebiet etwa so groß wie Hessen.

*Ein seltener Anblick: die Gipfel des Fitz-Roy-Massivs einmal wolkenfrei*

Im Nationalpark mündet das Inlandeis in neun Gletschern; besonders spektakulär sind der fast 600 km² bedeckende **Upsala-Gletscher** und der **Perito-Moreno-Gletscher.** Ersteren erreicht man nur per Schiffstour über den Lago Argentino, zum Letzteren fahren auch Busse. Während weltweit die meisten Gletscher abtauen und deshalb nach und nach zurückgehen, wächst der Perito-Moreno-Gletscher immer noch weiter. Seine ungeheure Eismasse, die in einer 60 m hohen und 4 km breiten Gletscherzunge in den See hineinreicht, bewegt sich langsam vorwärts – schneller als sie unten abtauen kann.

In der Vergangenheit hat sich der Gletscher immer wieder so weit vorgeschoben, dass die Eismassen einen Teil des Lago Argentino, den Brazo Rico, vom Hauptsee abschnürten. Der Wasserstand im Brazo Rico stieg dann um bis zu 18 m an, bis der Eisdamm dem gewaltigen Wasserdruck nicht mehr standhalten konnte und schließlich wie durch eine natürliche Explosion weggesprengt wurde. Bis zum Jahr 1988 geschah dies alle vier bis fünf Jahre, seit diesem Zeitpunkt hat

Karte Seite 93

sich das Wachstum des Gletschers verlangsamt. Im März 2006 erlebte er die letzte große Absprengung.

Das berühmte **Fitz-Roy-Massiv** ist für Bergsteiger aus aller Welt ein Traumziel und eine Herausforderung. Die zerklüftete Berglandschaft ist nicht nur für Kletterer von besonderem Reiz, sondern auch für Wanderer ein lohnendes Ziel und hinterlässt unvergessliche Eindrücke. Für den Ausflug von El Calafate aus muss man mindestens eine Übernachtung in El Chaltén ⑩ einkalkulieren.

Zum Basislager der Bergsteiger führen **Wanderungen** mit wundervollen Ausblicken über das Steilufer des Río Blanco und den Lago Viedma hinweg auf die Ebenen oder auf die Stirn des Gletschers Torre, der in den Lago Viedma kalbt.

### Das Fitz-Roy-Massiv

Benannt ist das Gebirge nach Robert Fitzroy (1805–1865), den Kapitän des Forschungsschiffs »Beagle« von Charles Darwin. Guido Magnone und Lionel Terray, die den Berg 1952 als erste erklommen, bezeichneten den 3375 m hohen Cerro Fitz Roy als »schwierigsten Kletterberg der Welt«. Man muss gesehen haben, wie steil er aus der Ebene aufragt. Beim Näherkommen glaubt man nicht, dass er je bestiegen werden konnte. Schon die Anfahrt ist eindrucksvoll: Eine weite Ebene öffnet sich, am Horizont schimmert der Lago Viedma blau im Sonnenlicht, und darüber erheben sich die Zacken der meist von Wolkenfetzen umgebenen Berggipfel.

**Karte Seite 93**

# Infos von A–Z

### Ärztliche Versorgung

Die Botschaften und Konsulate können deutschsprachige Ärzte vermitteln. Apotheken *(farmacias)* haben oft bis tief in die Nacht geöffnet.

### Diplomatische Vertretungen
▌ **Deutschland:**
**Botschaft** *(Embajada):* Villanueva 1055, 1426 Buenos Aires, Tel. (0 11) 47 78 25 00, Fax 47 78 25 50, www.buenos-aires.diplo.de
**Honorarkonsulate** *(Consules Honorarios):* **Bariloche,** Emilio Morales 460, Tel. (0 29 44) 42 56 95; **Córdoba,** Elíseo Canton 1870, Barrio Villa Paez, Tel. (03 51) 4 89 09 00; **Eldorado** (Misiones), San Martín 1666, Tel. (0 37 51) 42 32 14; **Mar del Plata,** Avellaneda 3076, Tel. (02 23) 4 72 83 74, Fax 51 50 37; **Mendoza,** Montevideo 127, 2° piso, Tel. (02 61) 4 29 65 39; **Posadas,** Junín 1811, Tel. (0 37 52) 43 55 08; **Salta,** Las Heras 3, Tel. (03 87) 4 22 90 88; **San Miguel de Tucumán,** San Martín 631–6A, Tel. (03 81) 4 21 58 11; **Santa Fé,** J. de Garay 2957, Tel. (03 42) 4 59 75 44; **Ushuaia,** Rosas 516, Tel. (0 29 01) 43 07 63
▌ **Österreich:**
**Botschaft:** C. French 3671, 1425 Buenos Aires, Tel. (0 11) 48 07 91 85, Fax 48 05 40 16, www.austria.org.ar
**Honorarkonsulate: Córdoba,** Jerónimo Cortez 636, Tel. (03 51) 4 72 04 50, Fax 4 24 36 26; **Posadas,** San Luis 2492, Tel. (0 37 52) 42 75 88; **San Carlos de Bariloche,** Pettoruti 262, Tel. (0 29 44) 46 26 00
▌ **Schweiz:**
**Botschaft:** Av. Santa Fé 846, 1059 Buenos Aires, Tel. (0 11) 43 11 64 91, www.eda.admin.ch/buenosaires

**Honorarkonsulat** Tucumán 8364, Rosario de Santa Fé, Tel./Fax (03 41) 4 51 44 44

### Einreise

Deutsche, Österreicher und Schweizer benötigen einen bei Einreise noch mindestens drei Monate gültigen Reisepass. Man erhält eine Touristenkarte, die bei Ausreise abzugeben ist. Auf dem Einreisestempel im Pass wird die maximale Aufenthaltsdauer vemerkt. Der Pass ist immer mitzuführen. Für Ausflüge nach Chile und Paraguay brauchen Deutsche, Österreicher und Schweizer ebenfalls nur ihren noch drei Monate gültigen Reisepass.

### Elektrizität

Die Netzspannung in Argentinien beträgt 220 Volt (50 Hz). Allerdings benötigt man einen Adapter, den man in Läden für Haushaltswaren erhält.

### Feiertage

1. Januar: Neujahr; Karfreitag; Ostern; 1. Mai: Tag der Arbeit; 25. Mai: Nationalfeiertag; 10. Juni: Tag der Malwinen; 20. Juni: Tag der Fahne; 9. Juli: Tag der Staatswerdung; 17. August: Todestag San Martíns; 12. Oktober: Entdeckung Amerikas; 25. Dezember: Weihnachten.

Argentinien hat gleitende Feiertage. Fällt der Feiertag auf einen Montag, Dienstag oder Mittwoch, so ist der Montag der Woche arbeitsfrei; fällt er auf einen Donnerstag oder Freitag, wird am Montag der Folgewoche nicht gearbeitet. So ergibt sich immer ein langes Wochenende.

### Fotografieren

In Argentinien ist es verboten, militärische und polizeiliche Einrichtungen zu fotografieren. Darunter fallen auch die Polizeikontrollstellen an den Überlandstraßen. Beim Fotografieren von Personen sollte man immer erst fragen, bevor man auf den Auslöser drückt. Fotomaterial ist in Argentinien wesentlich teurer als in Europa. Spezielle Batterien sind nicht überall zu bekommen, und in Gebieten mit hoher Luftfeuchtigkeit entladen sie sich mitunter sehr schnell. Den Durchleuchtungsgeräten auf den internationalen Flughäfen kann man trauen, auf kleineren Provinzflughäfen trägt man die Filme besser durch die Kontrolle.

### Geld und Währung

Gültige **Währungseinheit** ist der Peso ($), der in 100 Centavos unterteilt ist. Häufig werden auch US-$ angenommen. Die Dollarnoten müssen aber neu sein, ohne Beschriftungen oder Stempel. Egal ob Peso oder Dollar: Man sollte genügend kleine Scheine haben. Euro und CHF kann man nur in Buenos Aires tauschen.

**Reiseschecks** werden nicht überall gewechselt; mitunter muss man mit hohen Abzügen (10 %) rechnen.

**Kreditkarten** sind weit verbreitet, v. a. American Express, Mastercard/Eurocard, Visa und Diners. Mit PIN-Code kann gelegentlich Geld abgehoben werden. Einkäufe mit Karte sind teils bis zu 10 % teurer als mit Bargeld.

### Gesundheitsvorsorge

Für die Einreise sind keinerlei Impfungen vorgeschrieben, einige können jedoch sinnvoll sein, z. B. gegen Tetanus und Kinderlähmung (alle 10 Jahre auffrischen). Manche Ärzte empfehlen Schutz gegen Typhus und Cholera, aber eigentlich reichen normale vorbeugende Maßnahmen (s. u.) aus. Gegen Hepatitis A kann man sich impfen lassen. Malaria kommt nur in den Provinzen Salta und Jujuy und nur unterhalb von 1200 m Höhe vor.

Man sollte Wasser nur in abgekochter Form im Kaffee oder Tee trinken und auf Eiswürfel verzichten. Alle Speisen müssen gut gegart sein, besonders Fleisch, Fisch und Meeresfrüchte. Muscheln nie roh essen! Vorsicht ist auch bei ungeschältem Obst und bei Salaten geboten.

Die Intensität der Sonne ist nicht zu unterschätzen, ebenso wenig das gesundheitliche Risiko, das die Höhenkrankheit (fehlende Akklimatisierung beim schnellen Aufstieg in große Höhen) mit sich bringt. AIDS (span. SIDA) ist in Lateinamerika verbreitet.

## Information

▪ **In Europa:** Botschaft der Republik Argentinien, Abt. Presse und Tourismus, Kleiststr. 23–26, 10787 Berlin, Tel. (0 30) 22 66 89 20, Fax 22 91 400, www.argentinische-botschaft.de. Sie erfüllt teilweise die Aufgaben eines Fremdenverkehrsbüros.

▪ **In Argentinien:** Dirección Nacional de Turismo, Santa Fé 883, Erdgeschoss, Buenos Aires, Tel. (0 11) 43 12 22 32; www.turismo.gov.ar

▪ Alle **Provinzen** haben in Buenos Aires ein Informationsbüro:

**Buenos Aires:** Av. Callao 237;
**Catamarca:** Av. Córdoba 2080;
**Chaco:** Av. Callao 322;
**Chubut:** Sarmiento 1172;
**Córdoba:** Av. Callao 332;
**Corrientes:** San Martín 333;
**Entre Ríos:** Suipacha 844;
**Formosa:** H. Irigoyen 1429;
**Jujuy:** Santa Fé 967;
**La Pampa:** Suipacha 346;
**La Rioja:** Av. Callao 745;
**Mendoza:** Av. Callao 445;
**Misiones:** Santa Fé 989;
**Neuquén:** J. D. Perón 687;
**Río Negro:** Tucumán 1916;
**Salta:** Diagonal Norte, R. S. Peña 933;
**San Juan:** Sarmiento 1251;
**San Luis:** Azcuénaga 1083;
**Santa Cruz:** 25 de Mayo 279;
**Santa Fé:** Montevideo 373;
**Santiago del Estero:** Florida 274;
**Tierra del Fuego:** Sarmiento 745;
**Tucumán:** Suipacha 140.

## Internet

Internetzugang bekommt man inzwischen in jeder Provinzstadt entweder in Internetcafés oder in öffentlichen Telefonzentralen *(locutorios),* wobei meist pro angefangener Stunde abgerechnet wird.

## Medien

Die größten **Zeitungen** Argentiniens sind »El Clarín« und »La Nación«. Erstere gilt als liberaler. Wer Deutsches lesen möchte, kann auf das traditionsreiche »Argentinische Tageblatt« aus Buenos Aires zurückgreifen. In der Hauptstadt findet sich an den Kiosken eine Auswahl europäischer Zeitungen.

Die **Deutsche Welle** empfängt man am besten von 19 bis 23 Uhr, auf folgenden Frequenzen: 49 m: 6100 kHz, 31 m: 9545/9765 kHz, 25 m: 11 785/ 11 795 kHZ, 22 m: 13 780 kHz, 16 m: 17 860 kHz; 19 m: 15 270/15 410 kHz. Infos: Deutsche Welle, Öffentlichkeitsarbeit, www.dw-world.de, Tel. (02 21) 38 90, Fax 3 89 30 00.

## Öffnungszeiten

▪ **Banken und Wechselstuben:** in der Regel Mo–Fr 10–15 Uhr.
▪ **Kleinere Läden:** meist täglich 8–13, 16–20/21 Uhr.
▪ **Größere Geschäfte:** 9–19 Uhr.

## Post, Telefon, Handy

Luftpostbriefe nach Europa dauern mindestens eine Woche, oftmals zwei, und kosten 1,20 US-$.

Ein Telefongespräch nach Europa kostet 3,50–6 US-$ pro Minute. In jeder Stadt gibt es Telefonzentralen, von denen man ins Ausland anrufen kann. Zwei Spartipps: In den meisten Telefonzentralen kann man sich zurückrufen lassen. Oder man besorgt sich bei der Telekom in Deutschland oder einer Kreditkartengesellschaft eine *Calling Card.* Damit ruft man eine Servicenummer an, die das Gespräch zu geringeren Gebühren vermittelt.

**Internationale Vorwahlnummern:**
- Argentinien: 00 54
- Paraguay: 0 0 5 95
- Brasilien: 00 55
- Chile: 00 56
- Deutschland: 00 49
- Österreich: 00 43
- Schweiz: 00 41

- **Nationale Auskunft:** Tel. 19
- **Internationale Auskunft:** Tel. 000

Öffentliche Telefonzellen funktionieren mit Karten oder mit *fichas,* speziellen Telefonmünzen, die man an Kiosken *(kioscos)* kaufen kann. Nur Triband-**Handys** aus Europa funktionieren in Argentinien. Miet-Handys bekommt man z. B. in Buenos Aires bei der Firma Altel: www.altel.com.ar, Tel. in BA (011) 43 11 50 00.

## Preise

Argentinien ist ein relativ günstiges Reiseziel. Für ein Doppelzimmer im Mittelklassehotel muss man mit 20–50 US-$ rechnen. Buenos Aires ist so teuer wie eine deutsche Großstadt, der Aufenthalt in den Nationalparks ist vergleichsweise sehr billig (Campen ist oft kostenlos).

Für ein einfaches Frühstück in einer Bar muss man mit 5 US-$ rechnen, ein Mittag- oder Abendessen bekommt man ab 8 US-$. In den meisten Restaurants bezahlt man mittags weniger für ein Menü als abends.

Die Kosten für Verkehrsmittel sind gering: Die 36-stündige Busfahrt durch das halbe Land von Río Gallegos nach Buenos Aires kostet etwa 100 US-$.

## Sicherheit

Obwohl Argentinien zu den sichersten Ländern in Südamerika zählt, sollte man in Großstädten aufpassen. Nicht nur Trickdiebe sind unterwegs; in den ärmeren Stadtvierteln nimmt die Gewaltkriminalität zu. Unbelebte Straßen meidet man besser; der Besuch von *La Boca* in Buenos Aires ist in einer kleinen Gruppe sicherer als allein.

## Souvenirs

Als Mitbringsel sind Lederwaren beliebt, seien es Jacken oder Reitstiefel, ein Sattel oder ein altes Gaucholasso. Ebenso wie Mateausrüstungen werden diese Artikel überall verkauft. Wer bereit ist, für Schmuck, Silber, Geschirr oder antike Glaswaren etwas mehr auszugeben, wird auf einem der Antikmärkte in Buenos Aires fündig.

## Versicherungen

Neben einer Reisegepäckversicherung ist eine Reisekrankenversicherung sehr ratsam. Arzt- und Krankenhauskosten müssen zunächst vorgestreckt werden; die Krankenkasse erstattet sie gegen Beleg zurück.

## Zeit

Die Zeitverschiebung zu Mitteleuropa beträgt −4 Std., während der mitteleuropäischen Sommerzeit −5 Std. und während der argentinischen Sommerzeit (Mitte Okt.–Mitte März) −3 Std.

## Zoll

Persönliche Gegenstände sind zollfrei, u. a. ein Fotoapparat mit Filmen, Videokamera, Walkman, Radio, Fernglas sowie Sportgeräte. Bei der Rückreise ist in Deutschland, Österreich und der Schweiz die Einfuhr von 200 Zigaretten, 1 l hochprozentigem Alkohol oder 2 l Wein sowie Geschenken im Gesamtwert von maximal 175 € bzw. 300 CHF erlaubt.

# Langenscheidt Mini-Dolmetscher

## Allgemeines

| | |
|---|---|
| Guten Tag. | Buenos días. [buenos dias] |
| Hallo! | ¡Hola! [ola] |
| Wie geht's? | ¿Qué tal? [ke tal] |
| Danke, gut | Bien, gracias [bjen graßjas] |
| Ich heiße ... | Me llamo ... [me sehamo] |
| Auf Wiedersehen! | Adiós! [adjos] |
| Morgen | mañana [manjana] |
| Nachmittag | tarde [tarde] |
| Abend | tarde [tarde] |
| Nacht | noche [notsche] |
| morgen | mañana [manjana] |
| heute | hoy [oj] |
| gestern | ayer [aseher] |
| Sprechen Sie Deutsch / Englisch? | ¿Habla usted alemán / inglés? [abla uste aleman / ingles] |
| Wie bitte? | ¿Cómo? [komo] |
| Ich verstehe nicht. | No he entendido. [no e entendido] |
| Wiederholen Sie bitte. | Por favor, repítalo. [por fawor repitalo] |
| ..., bitte. | ..., por favor. [por fawor] |
| danke | gracias [graßjas] |
| Keine Ursache. | De nada. [de nada] |
| was / wer / welcher | qué / quién / cuál [ke / kjen / kual] |
| wo / wohin | dónde / adónde [donde / adonde] |
| wie / wie viel | cómo / cuánto [komo / kuanto] |
| wann / wie lange | cuándo / cuánto tiempo [kuando / kuanto tjempo] |
| warum | ¿por qué? [por ke] |
| Wie heißt das? | ¿Cómo se llama esto? [komo se sehama esto] |
| Wo ist ...? | ¿Dónde está ...? [donde esta ...] |
| Können Sie mir helfen? | ¿Podría usted ayudarme? [podria uste asehudarme] |
| ja | sí [si] |
| nein | no [no] |
| Entschuldigen Sie. | Perdón. [perdon] |
| Das macht nichts. | No pasa nada. [no paßa nada] |

## Sightseeing

| | |
|---|---|
| Gibt es hier eine Touristeninformation? | ¿Hay por aquí cerca una oficina de turismo? [ai por aki ßerka una ofißina de turismo] |
| Ich möchte einen Stadtplan / ein Hotelverzeichnis. | ¿Tiene un mapa de la ciudad / una lista de hoteles? [tjene um‿mapa de la ßiudad / una lista de oteles] |
| Wann ist das Museum / die Kirche / die Ausstellung geöffnet? | ¿Cuándo está abierto el museo / abierta la iglesia / la exposición? [kuando esta abjerto el mußeo / abjerta la igleßja / la espoßißjon] |
| geschlossen | cerrado (m.) / cerrada (w.) [ßerrado / ßerrada] |

## Shopping

| | |
|---|---|
| Wo gibt es ...? | ¿Dónde hay ...? [donde ai] |
| Wie viel kostet das? | ¿Cuánto cuesta? [kuanto kuesta] |
| Das ist zu teuer. | Es demasiado caro. [es demaßjado karo] |
| Das gefällt mir (nicht). | (No) me gusta. [(no) me gusta] |
| Gibt es das in einer anderen Farbe / Größe? | ¿Tienen este modelo en otro color / otra talla? [tjenen este modelo en otro color / otra tasche] |
| Ich nehme es. | Me lo llevo. [me lo sehewo] |
| Wo ist eine Bank? | ¿Dónde hay un banco? [donde aj um banko] |
| Ich suche einen Geldautomaten. | Busco un cajero automático. [busko un kachero automatiko] |
| Geben Sie mir 100 g Käse / zwei Kilo Pfirsiche. | Por favor, déme cien gramos de queso / dos kilos de duraznos. [por fawor deme sjen gramos de keßo / dos kilos de duraßnos] |
| Haben Sie deutsche Zeitungen? | ¿Tienen periódicos alemanes? [tjenen perjodikos alemanes] |
| Wo kann ich telefonieren? | ¿Dónde puedo llamar por teléfono? [donde puedo sehamar por telefono] |
| Wo kann ich eine Telefonkarte kaufen? | ¿Dónde puedo comprar una tarjeta telefónica? [donde puedo komprar una tarcheta telefonika] |

## Notfälle

| | |
|---|---|
| Ich brauche einen Arzt / Zahnarzt. | Necesito un médico / un dentista. [neßeßito um mediko / un dentista] |
| Rufen Sie bitte | Por favor, llame a una |

| | |
|---|---|
| einen Krankenwagen / die Polizei. | ambulancia / a la policía. [por fawor sehame a una ambulanßja / a la polißia] |
| Wir hatten einen Unfall. | Tuvimos un accidente. [tuwimos un agßidente] |
| Wo ist das nächste Polizeirevier? | ¿Dónde está la comisaría más cercana? [donde esta la komißaria mas ßerkana] |
| Ich bin bestohlen worden. | Me han robado. [me an robado] |
| Eine Tür meines Autos wurde aufgebrochen. | Me han forzado la puerta del auto. [me an forßado la puerta del auto] |

## Essen und Trinken

| | |
|---|---|
| Die Speisekarte, bitte. | La carta, por favor. [la karta, por fawor] |
| Brot | pan [pan] |
| Kaffee | café [kafe] |
| Tee | té [te] |
| mit Milch / Zucker | con leche / azúcar [kon letsche / aßukar] |
| Orangensaft | jugo de naranja [chugo de narancha] |
| Mehr Kaffee, bitte | Más café, por favor. [mas kafe por fawor] |
| Suppe | sopa [ßopa] |
| Fisch / Meeresfrüchte | pescado / mariscos [peskado / mariskos] |
| Fleisch | carne [karne] |
| Geflügel | aves [awes] |
| Beilage | acompañamiento [akompanjamiento] |
| vegetarische Gerichte | comida vegetariana [komida wechetarjana] |
| Eier | huevos [uewos] |
| Salat | ensalada [enßalada] |
| Dessert | postre [postre] |
| Obst | fruta [fruta] |
| Eis | helado [elado] |
| Wein | vino [bino] |
| weiß / rot / rosé | blanco / tinto / rosado [blanko / tinto / roßado] |
| Bier | cerveza [ßerweßa] |
| Aperitif | aperitivo [aperitiwo] |
| Wasser | agua [agua] |
| Mineralwasser | agua mineral [agua mineral] |
| mit / ohne Kohlensäure | con / sin gas [kon / sin gas] |
| Limonade | gaseosa [gaseosa] |
| Frühstück | desayuno [deßasehuno] |
| Mittagessen | almuerzo [almuerßo] |
| Abendessen | cena [ßena] |
| eine Kleinigkeit | algo para picar [algo para picar] |
| Ich möchte bezahlen. | La cuenta, por favor. [la kuenta por fawor] |
| Es war sehr gut / nicht so gut. | Estaba muy bueno / no tan bueno. [estaba mui bueno / no tam bueno] |

## Im Hotel

| | |
|---|---|
| Ich suche ein gutes / nicht zu teures Hotel. | Busco un buen hotel / un hotel económico. [busko um buen otel / un otel ekonomiko] |
| Ich habe ein Zimmer reserviert. | Tengo una habitación reservada. [tengo una abitaßjon reserwada] |
| Ich suche ein Zimmer für … Personen. | Busco una habitación para … personas. [busko una abitaßjon para … perßonas] |
| Mit Dusche und Toilette. | Con ducha y baño. [kon dutscha i banjo] |
| Mit Balkon / Blick aufs Meer. | Con balcón / vista al mar. [kon balkon / bista al mar] |
| Wie viel kostet das Zimmer pro Nacht? | ¿Cuánto cuesta la habitación por noche? [kuanto kuesta la abitaßjon por notsche] |
| Mit Frühstück? | ¿Con desayuno? [kon desasehuno] |
| Kann ich das Zimmer sehen? | ¿Puedo ver la habitación? [puedo wer la abitaßjon] |
| Haben Sie ein anderes Zimmer? | ¿Tienen otra habitación? [tjenen otra abitaßjon] |
| Es gefällt mir (nicht). | (No) me gusta. [(no) me gusta] |
| Kann ich mit Kreditkarte bezahlen? | ¿Puedo pagar con tarjeta de crédito? [puedo pagar kon tarcheta de kredito] |
| Wo kann ich parken? | ¿Dónde puedo estacionar el auto? [donde puedo estaßjonar el auto] |
| Können Sie das Gepäck in mein Zimmer bringen? | ¿Puede llevarme el equipaje a la habitación? [puede schewarme el ekipache a la abitaßjon] |
| Haben Sie einen Platz für ein Zelt / einen Wohnwagen / ein Wohnmobil? | ¿Les queda algún sitio libre para una carpa / una casarodante / una casarodante automotriz? [les keda algun ßitjo libre para una karpa / una kaßarodante / una kaßarodante automotris] |
| Wir brauchen Strom / Wasser. | Necesitamos corriente / agua. [neßeßitamos korrjente / agua] |

103

## Register

## Orts- und Sachregister

**A**bra Pampa 68
Aconcagua 13, 34, 70, 71
Alta Gracia 73
Amaichá del Valle 61 f.
Anden 12 f.
Antarktis 94

**B**ahía Blanca 52
Bahía Inútil 94
Buenos Aires 8 f., 12, 38 ff.
- Basílica de Nuestra Señora de Pilar 43
- Cabildo 40
- Calle Florida 43
- Calle Lavalle 43
- Casa Rosada 38 f.
- Catedral Metropolitana 40
- Cementerio de la Recoleta 24, 43
- Centro Cultural Recoleta 43
- Centro Cultural San Martín 42
- La Boca 45, 101
- Museo Nacional de Bellas Artes 30, 43
- Obelisk 42
- Palermo 43 f.
- Plaza Alvear 43
- Plaza del Congreso 40
- Plaza Dorrego 44
- Plaza San Martín 43
- Recoleta 43, 44
- San Telmo 44
- Teatro Colón 42

**C**acheuta 70
Cachi 63 f.
Cafayate 62
Caleta Valdés 80
Cerro Champaquí 72
Cerro de los Siete Colores 68
Cerro Tronador 88
Chaco 3, 14, 16
Ciudad del Este (Paraguay) 59
Ciudad Perdido 76 f.
Córdoba 29, 73 f.
Corrientes 52 f.
Cosquín 29, 75

**E**l Calafate 10, 96 f.
Encarnación (Paraguay) 56 f.
Ernesto Tornquist, Naturpark 52
Esquel 83 ff.
Estancias 6 f.
Esteros del Iberá 53 f.

**F**alklandinseln 25, 26, 27
Fauna 16 ff., 53, 79, 80 f., 83, 95
Feuerland 11, 18, 90 ff.
Feuerland, Nationalpark 92
Fitz-Roy-Massiv 10, 13, 34, 98
Flora 16 ff., 85, 88, 89
Foz do Iguaçu (Brasilien) 59

**G**aiman 83
Gauchos 22, 26, 30, 31
Grey-Gletscher (Chile) 96

**H**idrovía Paraguay-Paraná 19, 23
Humahuaca 67 f.

**I**guazú, Wasserfälle von 57 ff.
Ischigualasto, Parque Provincial 77
Isla de los Pájaros 79
Itaipú 59

**J**ujuy s. San Salvador de Jujuy
Junín de los Andes 89

**L**a Plata 48 f.
La Quiaca 68
La Rioja 76
Lago Argentino 96
Lago Fagnano 92
Lago Futalaufquén 85
Lago Huechulafquen 89
Lago Nahuel Huapi 87 f.
Lago Puelo 85
Lago Puelo, Nationalpark 85
Lanín, Nationalpark 89
Los Alerces, Nationalpark 85
Los Arrayanes, Nationalpark 88
Los Cardones, Nationalpark 64
Los Glaciares, Nationalpark 34, 97 f.
Lules 61
Lunfardo 20, 30

**M**agellanstraße 90, 91, 94
Mar Chiquita 74 f.
Mar del Plata 29, 50 f.
Mate 17, 33
Mendoza 29, 69 f.
Mesopotamia 14, 52
Mina Clavero 72
Miramar 75
Molinos 63
Mundo Marino 50

**N**ahuel Huapi, Nationalpark 10, 34, 87 f.

Nationalparks u. Ä. 34, 52, 61, 64, 76 f., 77, 85, 88, 87 f., 89, 92, 96, 97 f.
Naturschutzgebiete 18
Necochea 52
Nevados de Chañi 68
Nevados Queva 68

**P**ampa 13, 14, 17 f.
Parque de los Menhires 61
Paso de la Cumbre 70, 71 f.
Patagonien 14, 18, 95 ff.
Península Valdés 79 f.
Perito-Moreno-Gletscher 10, 97
Piedra de Molino 64
Pinamar 50
Porvenir 94
Posadas 54
Potrerillos 70
Pucará 67
Puente del Inca 70
Puerto Canoas 89
Puerto Iguazú 57, 58
Puerto Madryn 78 f.
Puerto Natales 95 f.
Puerto Pirámides 80
Puna 13, 16, 68
Punta Arenas 95
Punta Delgada 80
Punta Norte 80
Punta Rada 50
Punta Tombo 83
Purmamarca 67, 68

**Q**uebrada de Humahuaca 67
Quebrada de la Flecha 63
Quebrada de las Conchas 62
Quilmes 48, 62

**R**eduktionen 55, 57, 61
Rinder 22, 23, 31
Río de la Plata 15, 19, 47, 49
Río Dulce 75
Río Grande 92 f.
Río Iguazú 57, 58
Río Paraná 14, 15, 19, 47, 52, 54, 57
Río Urugay 14, 15, 47, 52, 53
Ruta de los Siete Lagos 88

**S**alta 35, 65 f.
San Antonio de Areco 29
San Carlos 62
San Carlos de Bariloche 10, 35, 86 f.
San Clemente del Tuyú 49 f.
San Ignacio Miní 28, 54 ff.
San Javier, Reserva Biológica 61

San Juan 77
San Luis 72
San Martín de los Andes 88 f.
San Miguel de Tucumán 26, 60 f.
San Salvador de Jujuy 67
San Sebastián 94
Seclantás 63
Sierra de Córdoba 72
Sierra de la Ventana 52
Sierra de San Luis 72

**T**afí del Valle 61
Talampaya, Parque Provincial 76 f.
Tango 8 f.
Tierra del Fuego 90 ff.
Tigre 47
Tilcará 67
Torres del Paine, Nationalpark (Chile) 96
Trelew 81 f.
Tren a las Nubes 16, 65, 66
Trencito 84
Trevelín 84
Trinidad (Paraguay) 57
Tucumán s. San Miguel de Tucumán

**U**psala-Gletscher 97
Ushuaia 90 ff.

**V**aldés, Península 11, 79 f.
Valle de Calchaquíes 62 f.
Valle de la Luna 77
Valle Encantado 64
Vallecito 78
Veranstaltungen 29
Villa Carlos Paz 72 f.
Villa General Belgrano 29, 73
Villa Gesell 50
Villavicencio 70
Volcán Lanín 89

**W**inde 17

**Y**acyretá, Wasserkraftwerk (Paraguay) 56

**Z**weistromland 14, 52

## Personenregister

**A**izemberg, Roberto 29
Alakaluf 91
Alfonsín, Raúl 27
Arlt, Roberto 30

**B**elgrano, Manuel 40
Borges, Jorge Luis 30, 31, 38
Butch Cassidy 84

**C**ampora, José 27
Carlos III, König 26, 55
Casares, Adolfo Bioy 30
Cavallo, Domingo 22
Correa, María Antonia Deolinda 78
Cortázar, Julio 30, 31 f.
Coya 68

**D**arwin, Charles 90, 98
de la Cárcova, Ernesto 28
de la Rúa, Fernando 22 f., 25, 27
Diaguita 61, 76
Difunta Correa 78

**F**itzroy, Robert 98
Forté, Vicente 29
Frondizi, Arturo 27

**G**etino, Octavio 30
Guaraní 55, 57, 58

**H**aush 91
Hernández, José 30

**I**ndianer 26, 55, 57, 58, 61, 62, 68, 87, 91
Irigoyen, Hipólito 27

**J**esuiten 55

**K**irchner, Nestor 22, 25, 27
Kirchner, Cristina 25, 27

**L**anusse, Alejandro A. 27
Lavado, Joaquín 29
le Parc, Julio 29
Longabaugh, Harry 84

**M**adres de la Plaza de Mayo 25, 40
Magellan, Ferdinand 26, 90, 95
Manekenk 91
Maradona, Diego Armando 35, 38, 44
Martín, Benito Quinquela 29, 44, 45
Mendoza, Pedro de 26, 44
Menem, Carlos Saúl 25, 27
Moreno, Mariano 40

**O**campo, Victoria 30, 50 f.
Olivera, Héctor 30
Ona 91

**P**arker, Robert Leroy 84
Pehuelche 87
Perón, Evita 24, 43
Perón, Isabel 24, 27
Perón, Juan Domingo 23, 24, 27
Place, Etta 84
Poya 87
Puelche 87
Puenzo, Luis 30
Puig, Manuel 30, 32

**Q**uerandí 26
Quilmes 62
Quino 29

**R**ozenmacher, Germán 30

**S**ábato, Ernesto 30, 32
San Martín, José de 26, 40
Sánchez, Florencio 30
Sarmiento, Domingo F. 30, 38, 77
Selk'nam 91
Sívori, Eduardo 28
Solanas, Fernando E. 30
Solar, Alejandro Xul 29
Solís, Juan Díaz de 15, 26
Soriano, Osvaldo 30
Spilimbergo, Lino Eneas 29
Sundance Kid 84

**T**afí 61

**U**riburu, José Félix 27

**V**idela, Jorge R. 27
Vuriloche 87

**Y**amana 91

**POLYGLOTT on tour**

## Der kompakte Reiseführer für rund 150 Reiseziele

**Ä**gypten
Algarve
Allgäu/
 Bayrisch Schwaben
Amsterdam
Andalusien
Apulien/Kalabrien
Argentinien
Athen
Australien
Azoren

**B**ali
Baltikum
Barcelona
Bayerischer Wald
Belgien
Berlin
Birma
Bodensee
Bonn/Siebengebirge/Ahrtal
Brasilien
Budapest
Bulgarische
 Schwarzmeerküste

**C**hile
China
Costa del Sol
Côte d'Azur

**D**änemark
Dominikanische Republik
Dresden
Dubai
Düsseldorf/Ruhrgebiet

**E**ifel
Elsass/Lothringen
England

**F**innland
Florenz
Florida
Franken
Frankfurt/Rhein-Main
Fuerteventura

**G**ardasee
Golf von Neapel
Gran Canaria
Griechenland

**H**amburg
Harz
Hongkong/Macau

**I**ndien
Irland
Island
Istanbul
Italien

**J**apan
Jordanien

**K**alifornien
Kanada - Der Osten
Kanada - Der Westen
Kanarische Inseln
Karibische Inseln
Kärnten
Köln
Korfu
Korsika
Kreta
Kroatien
Kuba

**L**ago Maggiore
Lanzarote
Ligurien/
 Italienische Riviera
Lissabon
Lombardei/Piemont
London

**M**adeira
Madrid
Mailand
Malaysia
Malediven
Mallorca
Malta
Marokko
Mauritius/Reunion
Mecklenburg-Vorpommern
Mexiko
Mosel
Moskau
München

**N**amibia
Neuseeland
New York
Niederbayern/Oberpfalz
Niederlande
Nordseeküste und Inseln
Nordspanien/Jakobsweg
Norwegen

**O**beritalien
Odenwald/Bergstrasse
Oman/Vereinigte Emirate
Österreich

**P**aris
Peking
Peru
Polen
Polnische
 Ostseeküste/Danzig
Portugal

Potsdam
Prag
Provence

**R**hein-Neckar/Heidelberg
Rhodos
Rom
Rügen

**S**achsen
Salzburg
Sankt Petersburg
Sardinien
Schottland
Schwarzwald
Schweden
Schweiz
Seychellen
Singapur
Sizilien
Slowenien
Spanien
Sri Lanka
Steiermark
Straßburg
Stuttgart/
 Schwäbische Alb
Südafrika
Südengland
Südfrankreich
Südschweden
Südtirol

**T**aiwan
Teneriffa
Thailand
Thailand - Der Süden/
 Phuket
Thüringen
Toskana
Tschechien
Tunesien
Türkei
Türkische
 Mittelmeerküste

**U**ngarn
USA - Der Osten
USA - Der Westen

**V**enedig
Venetien/Friaul
Vietnam

**W**ien

**Y**ucatan

**Z**ypern

**Bitte achten Sie auch auf unsere Neuerscheinungen:**

Downloads, Infos & mehr
www.polyglott.de

## Urlaubskasse

| | |
|---|---:|
| **Tasse Kaffee (café con leche)** | 0,50 € |
| **Softdrink** | 1 € |
| **Glas Bier vom Fass** | 1 € |
| **Empanada** | 1 € |
| **Steak (bife de chorizo)** | 7 € |
| **Kugel Eis** | 0,50 € |
| **Taxifahrt (10 Km)** | 5 € |
| **Mietwagen/Tag** | ab 40 € |
| **1 l Superbenzin** | 0,60 € |

**www.polyglott.de**  travelchannel.de

**Polyglott im Internet: www.polyglott.de,
im travelchannel unter www.travelchannel.de**

Alle Informationen stammen aus zuverlässigen Quellen und wurden sorgfältig geprüft. Für ihre Vollständigkeit und Richtigkeit können wir jedoch keine Haftung übernehmen.
Ergänzende Anregungen bitten wir zu richten an:
Polyglott Verlag, Redaktion, Postfach 40 11 20, 80711 München.
E-Mail: redaktion@polyglott.de

# Impressum

Herausgeber: Polyglott-Redaktion
Autor: Günther Wessel, Robert Möginger (»Deutsche in Argentinien«, S. 19, »Königin« Cristina, S. 25)
Lektorat: Sigrid Merkl
Bearbeitung: Robert Möginger
Layout: Ute Weber, Geretsried
Titelkonzept-Design: Studio Schübel Werbeagentur GmbH, München
Satz Special: Carmen Marchwinski, München
Karten und Pläne: Gundula Hövelmann, Huber.Kartographie (Umschlagseite)
Satz: Schulz Bild + Text, Hamburg
Druck: Himmer AG, Augsburg

### Komplett aktualisierte Auflage 2008/2009
© 2005 by Polyglott Verlag GmbH, München
Printed in Germany
Dieses Buch wurde auf chlorfrei gebleichtem Papier gedruckt.
ISBN 978-3-493-56315-3

# Infos zu Städten und Touren

### ***Buenos Aires
**Dauer:** 3 Tage
**Highlights:** **Plaza de Mayo, weiter zur *Avenida de Mayo, munteres Treiben an der *Plaza del Congreso, Spaziergang vom **Teatro Colón zur Plaza San Martín, Sonntags zum Flohmarkt an der *Plaza Dorrego im Stadtteil San Telmo, bunte Häuser in **El Caminito im Stadtteil La Boca

### Tour 1
**\*\*\*Buenos Aires → La Plata → San Clemente del Tuyú → Pinamar → Villa Gesell → \*\*Mar del Plata → Necochea → Bahía Blanca → Sierra de la Ventana**
**Dauer:** 5–8 Tage
**Länge:** 1350 km
**Highlights:** tolles *Museo de Ciencias Naturales in La Plata, größter Freizeitpark Südamerikas (Mundo Marino) in San Clemente, geselliges Strandleben in **Mar del Plata, Besuch der Sierra de la Ventana mit Wanderung zum »Felsenfenster«

### Tour 2
**Corrientes → \*Esteros del Iberá → Posadas → \*\*San Ignacio Miní (→ \*\*Trinidad/Paraguay)
\*\*\*Wasserfälle von Iguazú
(→ \*Itaipú/Paraguay)**
**Dauer:** 6 Tage
**Länge:** ca. 1100 km
**Highlights:** nahezu unberührte Wildnis in den *Esteros del Iberá, Ruinen und tolles Museum in der Jesuitenniederlassung **San Ignacio Miní, Abstecher nach *Trinidad, atemberaubende ***Wasserfälle von Iguazú, Abstecher nach *Itaipú